Zai Whitaker

Keine Angst vor Krokodilen

Eine Geschichte aus Indien

BAOBAB

Kinder- und Jugendbücher
aus Afrika, Asien und Lateinamerika,
herausgegeben vom Kinderbuchfonds Baobab
der Erklärung von Bern
und terre des hommes schweiz

Gabriel Verlag

Zai Whitaker

Keine Angst vor Krokodilen

Eine Geschichte aus Indien

Aus dem Englischen übersetzt von Christine Holliger

Nachwort von Göpf Berweger, Gesellschaft für bedrohte Völker

Nagel & Kimche

Die Übersetzung aus dem Englischen wurde unterstützt
durch die Gesellschaft zur Förderung der Literatur aus
Afrika, Asien und Lateinamerika e. V. in Zusammenarbeit
mit der Schweizer Kulturstiftung PRO HELVETIA.

Der Titel der Originalausgabe lautet:
Andamans Boy

Die Schreibweise in diesem Buch entspricht
den Regeln der neuen Rechtschreibung.

Mit Zeichnungen von Indraneil Das
Umschlag: Hauptmann und Kampa, CH-Zug, unter
Verwendung eines Bildes von Regine Tarara
Lektorat: Helene Schär, Kinderbuchfonds Baobab, Basel
Satz: Satz für Satz. Barbara Reischmann, Leutkirch
Druck und Bindung: Friedrich Pustet, Regensburg
ISBN 3-7072-6612-5 Gabriel Verlag
(Vertrieb Österreich und Südtirol)
ISBN 3-312-00521-3 Verlag Nagel & Kimche
(Vertrieb alle Länder außer Österreich und Südtirol)

Erstes Kapitel

Arif löste die letzte Rechenaufgabe, murmelte noch einmal die zwanzig Hindivokabeln vor sich hin und zog das Geografiebuch hervor. Geografie war sein Lieblingsfach. Trotzdem seufzte er tief. Das Buch wog schwerer als alle anderen Bücher zusammen. Besonders an Tagen, an denen er Hausaufgaben in Geografie aufhatte. Dann wog es mindestens so viel wie alle Flüsse und Kontinente, die auf den Karten zu sehen waren. Oder wie der Grand Canyon, der auf der Doppelseite über die Vereinigten Staaten mit einem orangefarbenen Kreuz bezeichnet war. Arifs Gedanken begannen zu wandern. Vom Grand Canyon fort zum Great Barrier Reef. Nein, nein, zur Freiheitsstatue. «Die Freiheitsstatue steht majestätisch neben Ellis Island, wo einst Auswanderer aus Europa in Amerika ankamen. Heute sehen Fluggäste ...»

Fluggäste! Würde er es je schaffen, von hier fortzukommen? Kaum! Sein ganzes Leben würde er in 83 R. N. Phulji Marg, Dadar, Mumbai verbringen müssen. Für immer und ewig würden Chacha und Chachi an ihm herummeckern. «Hast du nichts Besseres zu tun als ...», und dann folgte ein Vorwurf. Es war nicht auszuhalten. Je länger, je weniger.

Arif legte sein Geografiebuch zur Seite und beschloss, seinen Gedanken nachzuhängen. Er wollte in seinem Kopf Ordnung schaffen, bevor er die Geografieaufgaben anging. Das hatte er in seinem elfjährigen Leben immer wieder getan.

Zuerst einmal – das Geld. Als Papa und Amma vor vier Jahren starben, waren sie reich gewesen. Sie hatten mehrere Wagen und Fahrer gehabt, den Urlaub auf den Malediven und in Hongkong verbracht, sich das Neuste vom Neuen leisten können. Überall waren sie zuvorkommend behandelt worden. Niemand wird mit Respekt behandelt, außer es besteht ein guter Grund, zum Beispiel weil man einen Haufen Geld auf der Bank hat. Wo war dieses Geld?

Weiter – wo waren all die freundlichen Verwandten? Vor allem Mumtaz khala, Papas Schwester? Sie war lieb gewesen, jung und lustig, und sie hatte Arif immer so fest umarmt, dass er «Aufhören – du brichst mir die Rippen!» schreien musste. Und die anderen – Rahim Chacha und alle seine Cousins? Wo waren sie geblieben, warum besuchten sie ihn nicht? Es war sinnlos, Chachi und Chacha zu fragen; sie schauten ihn bloß erschrocken an, wurden böse oder taten, als hätten sie nichts gehört. Sie wollten nicht, dass er Fragen stellte. Fragen war verboten.

Drittens – warum durfte er nirgendwohin, niemanden besuchen? Chacha brachte ihn zur Schule und holte ihn ab, und dann – klick – wurde die Tür zugesperrt. Nein, du darfst nicht. Nein, keine Fragen. Es ist zu deinem Besten. Was willst du denn noch? Jetzt bist du hier. (Ja, genau das war das Problem!)

Gott sei Dank gab es im Fernsehen den Abenteuerkanal. Dort konnte er in die Welt der Piranhas und Seekühe, der Gnus und Warzenschweine entfliehen.

Leises Schlurfen vor der Tür. Das war Chacha. Chacha schlurfte und Chachi scharrte. Er riss die Tür auf, bevor sich Arif von seinen Träumen lösen und sein Geografiebuch in die Hand nehmen konnte. Seine grauen, stachligen Haare standen zu Berge und aus seinen Ohren wuchsen borstige Büschel. Seine Nase zuckte wie beim Bösen Kaninchen. Arif wusste zwar, dass es kein Böses Kaninchen gab, doch um Chacha zu beschreiben, hätte man die Sprache neu erfinden müssen.

«Aha! Hast du nichts Besseres zu tun, als die Zeit zu vertrödeln?», meckerte er los.

«Nein, Chacha, ich ...»

«Schweig still! Im Widersprechen bist du Weltmeister, das sage ich dir, und immer hast du eine Ausrede!»

Wenn sich Chacha ereiferte, sammelte sich in seinem linken Mundwinkel Spucke.

Irgendwie reizte er Arif plötzlich zum Lachen. Schnell hielt er die Hand vor den Mund, als ob er husten müsste. Aber dann stieg ein Gedanke in ihm hoch, drängte sich an die Oberfläche und schlüpfte aus dem Mund. «Chacha ...»

«Chacha!», äffte ihn der alte Mann nach. «So sprichst du nur, wenn du etwas von mir willst.» Er sah Arif widerwillig an. Als Arif zögerte, fuhr er fort: «Schieß los, vor mir brauchst du dich nicht zu fürchten!»

Wenn dem nur so wäre.

«Wo ist Papas Schwester? Wo ist Mumtaz khala?» Jetzt war es heraus. Endlich hatte er den Mut gefunden zu fragen.

Chachas Gesicht wurde auf einmal blass, grau wie alte Socken. Sein Kinn begann zu zittern und er rieb sich mit beiden Händen den dicken runden Bauch. Immer rieb er sich den Bauch.

«Ach, das ist es, was dich beschäftigt! Damit vertreibst du dir die Zeit! Nun, es ist so, dass ...» Aber er wusste gar nicht, was er sagen sollte. Er schwieg, das Kinn zitterte und er rieb sich den Bauch. Dann beugte er sich zu Arif hinunter und sagte mit heiserer Stimme: «Hör mir gut zu, du kleiner Obergrübler. Hörst du, was ich sage? Deine Mumtaz wollte nichts von dir wissen. Niemand wollte etwas von dir wissen. Sie baten uns, dich aus Delhi mitzunehmen. Jetzt tun wir unser Bestes dich aufzuziehen!»

Arif lächelte. Er wollte sich nicht anmerken lassen, wie schwer ihm das Herz wurde. Hatte Mumtaz khala das wirklich gesagt? Waren ihre Zärtlichkeiten und ihre Umarmungen, die ihm beinahe die Rippen gebrochen hatten, falsch gewesen? Er hatte die größte Lust loszuheulen. Heulen und sich an jemandem festhalten, und wenn es Chacha wäre. Nein, das ging nicht. Chacha und Chachi hatten ihm nicht einmal nach dem Unglück erlaubt zu weinen. «Hör auf zu heulen, sonst werfen wir dich auf die Straße. Wir warten, bis du eingeschlafen bist und lassen dich auf der Straße zurück, dann kannst du sehen, wo du bleibst, ganz auf dich selbst gestellt.» Aus lauter Angst hatte er aufgehört zu weinen. Er wollte kein Straßenkind sein. Er wollte nicht mit Banden herumziehen, von Hunden umgeben, die im Müll nach Essbarem wühlten. Manchmal greifen die Hunde Kinder an, sagte Chacha, fressen sie sogar, wenn sie besonders hungrig sind.

Alles musste mit dem Geld zusammenhängen. Er hatte gehört, wie Chacha und Chachi nachts leise miteinander flüsterten. Irgendetwas darüber, wenn er achtzehn wurde, etwas von einem Gericht und davon, Verwandte aus dem Spiel zu lassen.

Chacha verließ das Zimmer und schlug die Tür zu. Dann schlug er sie noch einmal zu, lauter, damit Arif begriff, dass sich Chacha über ihn ärgerte.

Na und?, dachte Arif. Er lehnte sich zurück und streckte die Beine unter das alte Beistelltischchen, das er als Pult benutzte. Mumtaz khala und die anderen konnten ihn nicht im Stich gelassen haben. Sie liebten ihn doch. Liebe verschwand nicht einfach, im Gegenteil, sie überstand die schwersten Stürme. Sie blieb, auch wenn man wollte, dass sie verschwand. Wie ein treuer Hund, der zu einem zurückkehrte, nachdem man ihn getreten hatte. Sie verfolgte einen wie ein Geist. So verfolgte ihn auch seine Liebe für Papa und Amma.

Ich sage kein Wort, nahm er sich vor, als er zum Essen hinunterging. Das war bestimmt kein Problem, denn er hatte kaum je Gelegenheit, sich am Gespräch zu beteiligen.

Heute regten sich Chachi und Chacha über Mariam, das Hausmädchen, auf. Sie hatte sich einen Tag frei genommen, weil ihre Schwester gestorben war.

«Ich weiß gar nicht, was ihr einfällt», beklagte sich Chachi. «Niemand lebt ewig und sie wusste genau, dass diese Schwester krank war. Sie wusste, dass sie sterben würde. Also was soll's? Weshalb fährt sie hin? Schließlich ist die Schwester tot!»

«Genau», stimmte Chacha zu. «Sie wusste es. Und diese Bestattung, als ob sie was Besseres wären. Sind sie etwa Filmstars?»

Als ob nur Filmstars bestattet würden. Würden sie jetzt dauernd irgendwelche Bemerkungen fallen lassen und an Mariam herumnörgeln, wenn sie zurückkam? Arif hielt sich den Kopf, um seine Gedanken zu verscheuchen.

«Schon wieder Kopfschmerzen?», fragte Chachi spöttisch. «Zwei Minuten Hausaufgaben und du bekommst Kopfschmerzen. Ich frage mich nur, wie dir deine Lehrer Auszeichnungen und Preise verleihen können. Nicht zu fassen. Zwei Minuten Hausaufgaben und du bekommst ...»

Arif hörte nicht mehr zu, er kannte den Rest. Chachi wiederholte immer alles mehrere Male. Damit ihre Weisheiten nicht verloren gingen.

Als er das Gefühl hatte, dass sie fertig war, stand er auf, um den Gecko zu füttern, der jeden Abend scheu hinter dem Bild des Mount Everest hervorblinzelte. Wenn das Licht von hinten kam, schimmerten die schwarzen gewundenen Organe im Innern des Geckos durch die dünne Haut. Arif spießte mit einem dürren Zweig ein klebriges Reiskorn auf und hielt es dem Gecko hin. Der Gecko schoss die Wand herunter und verschlang den Reis. Dagegen konnten Chacha und Chachi nichts einwenden, denn Geckos sind heilig. Sie selbst trauten sich nicht heilige Tiere zu füttern, und waren froh, dass Arif sich darum kümmerte. (Hätte das Gecko-Füttern Glück gebracht, wäre es so oder so Chacha und Chachi zugefallen, weil ihnen das Haus gehörte.) Die beiden zogen sich zurück um zu beten und Arif begann den Tisch abzuräumen. Jetzt konnte er in Ruhe nachdenken. In letzter Zeit war sein Kopf so voll, dass kaum etwas anderes Platz darin hatte. Es wurde immer wichtiger, dass er sich Klarheit verschaffte.

Am nächsten Tag war Arif auffallend schweigsam in der Schule. In der Pause versuchten seine Freunde ihn aufzumuntern. Nikhil ahmte einen Hund nach – «Arrf, arrf» –, worüber Arif gewöhnlich furchtbar lachen musste. Samir schenkte ihm einen halben ***Chikki***-Riegel. Arif wusste, dass er die Geografieprüfung verhauen hatte. Die Namen der wichtigsten Flüsse im Norden hatte er vergessen und wie die großen Städte und Flüsse im Süden hießen, wusste er auch nicht mehr. Arif starrte aus dem Fenster, studierte seine Schuhe und kaute an den Fingernägeln, bis die Haut zu bluten begann. Mumtaz khala wollte ihm nicht aus dem Kopf. Immer wieder sah er sie vor sich in ihrem blauen Schlafrock mit den weißen Spitzen. Den hatte sie in jener Nacht getragen, als sie Arif aufweckte und ihm die Nachricht vom Unglück brachte.

«Mein Liebling. Mein ***Jaan***, mein Leben. Denk daran, dass du mich noch hast. Ich werde dich nie verlassen. Wir werden diesen Weg zusammen gehen.» Dann brach sie zusammen und weinte, während sie ihn in ihren Armen hielt. Noch lange konnte sie keine seiner Fragen beantworten. Sie war so traurig gewesen und hatte ihn so innig umarmt – er war sicher, dass sie ihn liebte. Danach waren Arifs Erinnerungen verschwommen, wie ein Unterwasserbild: das Krankenhaus, die Blumen bei der Bestattung ... Doch an eine Szene erinnerte er sich ganz deutlich: Er spazierte mit Mumtaz khala durch den Garten in Delhi. «Immerhin hast du Geld. Du bist ein reicher Junge, weißt du das? Geld ist nicht alles, aber zumindest kannst du dir die beste Schule, eine gute Universität und alles, was du brauchst, leisten. Wir werden nach Shimla ziehen und du kannst ins ‹Lawrence›. Das hast du doch immer schon gewollt, nicht wahr, mein Prinz?»

Dann war wieder eine Lücke, nur einige wenige Erinnerungen waren geblieben. Ein Gerichtssaal, Anwälte, Mumtaz khala, die weinte, Chacha, der aus dem Nichts aufgetaucht war und der Flug nach Bombay mit ihm. Der erste Tag in der «Bakurdas Thakurdas Akademie für Jungen» in Dadar West. Wann und warum war Mumtaz khala plötzlich verschwunden und würde er sie je wieder sehen? War sie etwa tot, jung verstorben wie Mariams Schwester?

«Arif. Du bist nicht bei der Sache. Steh auf und beantworte meine Frage. Was wird in Brasilien hauptsächlich angebaut?»

Rehan flüsterte ihm von hinten etwas zu – es klang wie Melonen –, doch das konnte nicht sein. Arif schüttelte den Kopf.

«Ja, träum du nur, aber sei nicht erstaunt, wenn du durch die Prüfung fällst, und denk ja nicht, dass ich dich trösten werde.» Frau Madans Stimme wurde weicher. Sie mochte ihn. «Los, Arif. Du bist mein bester Schüler. Konzentriere dich. Wie sonst willst du weiterkommen und dich im Leben behaupten?»

Musste man wissen, was in Brasilien angebaut wurde, um sich im Leben zu behaupten?

Die Tage vergingen und Arif dachte immer weniger an die Schule. Er verhaute eine Prüfung nach der anderen und vernachlässigte seine Hausaufgaben. Die wöchentlichen Englischaufsätze, für die er sonst immer ein B+ oder ein A bekommen hatte, waren ein trauriges Schlachtfeld voll roter Korrekturen. «Was ist bloß mit dir los?», schrieb Frau Bharucha auf den Seitenrand. Aber sein Kopf war voller Fragen, die er nicht stellen konnte und die ihn bedrückten.

Eines Abends, als er mit Chachi und Chacha beim Essen saß, brachte er so wenig hinunter, dass es sogar ihnen auffiel.

«Das Essen ist nicht gut genug für ihn», sagten sie, «weil er ein Prinz ist. Ja natürlich, ein so großer Prinz könnte das Essen doch aus dem Schloss kommen lassen. Ja, und für uns auch, wenn möglich, damit wir kosten können, was Königinnen und Könige essen.»

Ihre Bemerkungen trafen ihn diesmal nicht, er biss sich weder auf die Lippen noch schlug er die Augen nieder.

Das spornte sie an. «Unser Essen ist nicht gut genug für dich, es ist nur das bescheidene Essen von gewöhnlichen indischen Menschen und du …»

In Arifs Kopf summte es. Es wollte nicht aufhören. Ich darf nichts sagen. Ich darf nicht. Ich darf unter keinen Umständen. Doch während er versuchte sich zusammenzunehmen, strömten die Worte hervor wie ein Wasserschwall aus einem geborstenen Rohr. «Wo ist meine Mumtaz khala? Ich muss es wissen. Ich will sie sehen.»

Später lachte Arif über ihre Reaktion. Er hatte den verbotenen Namen mit «M» ausgesprochen. Chacha fiel das ***Keema roti*** mit einem erstaunlich lauten Plumps aus der Hand auf den Teller. Chachi wollte gerade Wasser trinken – nach jedem Bissen nahm sie einen Schluck Wasser –, als sie sich verschluckte. Sie hustete und rang mehrere Minuten nach Luft, während ihr Chacha auf den Rücken klopfte und alles nur noch schlimmer machte.

Chacha fand als Erster die Sprache wieder: «Was für eine unsinnige Frage ist das?»

Was sollte Arif sagen? Auf Chachas Fragen konnte man nicht antworten. Wenn er «Wofür hältst du dich eigentlich?» oder «Was bildest du dir ein?» sagte, wollte er gar keine Antwort hören, und wenn man zu antworten versuchte, «widersprach» man. Ich muss meinen Mund halten, sagte sich Arif, was immer auch geschieht. Aber kaum hatte er sich vorgenommen den Mund zu halten, stand er schon wieder offen und die Worte sprudelten heraus. «Ich will weg von hier. Ich will zu Mumtaz khala. Wo ist sie? Warum habt ihr mich von ihr fortgenommen?»

Chachas Nase zuckte. Das sah nach Ärger aus. Plötzlich stand er auf und stieß seinen Stuhl so heftig zurück, dass er mit lautem Getöse zu Boden fiel. «Du glaubst uns nicht? Denkst du, dass wir lügen? Also gut, morgen werden wir es dir beweisen. Dann siehst du es mit eigenen Augen!»

Wovon sprach Chacha? Arif hatte bloß nach Mumtaz khala gefragt. Das Summen in seinem Kopf wurde lauter, als ob ein ganzer Bienenstock drin wäre, und ihm schwindelte. Sie konnten ihm keine vernünftige Antwort geben. Er fragte nach Mumtaz khala und sie redeten von Beweisen.

Arif verließ das Zimmer, um nach oben zu gehen, doch draußen vor der Tür zögerte er noch einen Moment. Er hörte, wie Chachi böse fauchte: «Was hast du vor? Was willst du jetzt machen?» Arif blieb stehen. Es war ein komisches Gefühl, an der Tür zu lauschen. Es war, als ob sich sein ganzes Leben änderte. Er begann Dinge zu hinterfragen, die er für völlig normal gehalten hatte. Sie spielten ein Spiel mit ihm, aber er konnte nicht sagen, worauf es hinauslief. Auf jeden Fall verheimlichten sie etwas. Irgendetwas stimmte nicht. Auch er konnte ein solches Spiel mit ihnen spielen und sie belauschen. Auch er konnte sich verstecken und beobachten und lügen. Er ging näher an die Tür heran – wenn schon, denn schon.

«Was meinst du, was ich vorhabe?», krächzte Chacha. «Es war schließlich deine Idee, oder etwa nicht? Stell dich nicht so an …»

«Das meine ich ja gar nicht. Aber was hast du vor? Ich will es wissen. Er ist kein Kind mehr … Er stellt dauernd Fragen … Und vergiss nicht, dass wir das Geld erst in sieben Jahren … Du weißt schon.»

«Keine Sorge. Ich habe eine gute Idee. Ich will – warte mal, ich hab das Gefühl …»

Arif hielt den Atem an, wartete mit klopfendem Herzen – und Chachas schwere Hand schlug zu wie eine Keule. Um Arif drehte sich alles in rasender Geschwindigkeit, er sank stöhnend zu Boden und wurde ohnmächtig. Als er wieder zu sich kam, hörte er, wie Chachi ängstlich flüsterte: «Ist er verletzt? Lebt er noch?» Chacha beugte sich zu Tode erschrocken über ihn. Arif stöhnte laut, um ihn noch mehr zu erschrecken. Sein Kopf schmerzte fürchterlich, aber er hörte, wie sie darüber diskutierten, ob sie einen Arzt kommen lassen sollten.

«Was willst du ihm erzählen? Er merkt gleich, dass jemand den Jungen geschlagen hat.»

«Schschsch. Niemand hat den Jungen geschlagen. Er ist gegen die Tür gerannt, der Tollpatsch. Geradewegs in die Türkante gerannt ist er und hat sich den Kopf ordentlich angeschlagen. Wir brauchen dem Arzt keine Einzelheiten zu erzählen.»

Arif musste trotz der Schmerzen schmunzeln. Für Chacha bedeutete «Einzelheiten» die Wahrheit. Er erzählte nie Einzelheiten. Aber Arif unterdrückte das Schmunzeln, außerdem fiel es ihm schwer, die Gesichtsmuskeln zu bewegen. «Bin ich gelähmt?» Ohne es zu merken, hatte er laut gesprochen und Chacha und Chachi ein weiteres Mal in Panik versetzt. Sie starrten ihn an. Arif taten sie beinahe Leid. Mit großer Mühe richtete er sich auf, sein Kopf fühlte sich zehnmal größer an. «Ich bin in Ordnung. Macht euch keine Sorgen.»

«Übertreib es nicht, wir tragen dich hinauf, Arif.» Vor lauter Angst hatte Chacha freundlich gesprochen, sogar seinen Namen gesagt. Sie halfen ihm hinauf ins Bett und brachten ihm eine Tasse heißen Kaffee. «Bleib schön im Bett, bis ich dir sage, dass du aufstehen kannst», sagte Chacha und schob Chachi zur Tür hinaus.

Arif tat genau das Gegenteil: Sobald sie unten waren, betrachtete er sich im Spiegel des Badezimmers. Nochmals musste er lächeln. Auf seiner Stirn prangte ein flammend roter Abdruck, wo Chachas kräftige Hand zugeschlagen hatte. Die «Einzelheiten» waren unübersehbar; kein Wunder, dass ihn Chacha im Bett behalten wollte.

Am nächsten Morgen war der Spiegel weg – der rote Abdruck auf der Stirn war offenbar immer noch da. Chacha sagte, dass Arif nicht zur Schule gehen musste. «Bleib zu Hause und ruh dich aus, du ... du hast dich ordentlich angeschlagen an der Tür. Kannst du dich daran erinnern?»

Arif überlegte einen Augenblick, sah in das alte graue Gesicht und beschloss zu lügen. «Nein, Chacha, ich kann mich überhaupt nicht mehr erinnern.»

«Du bist gegen die Tür gerannt. Jetzt leg dich hin und ruh dich aus. Du kannst die Schule einmal auslassen. Ich schreib einen Entschuldigungsbrief.»

Es war kaum zu glauben, aber auch Chachi kam herauf, um nach ihm zu sehen. Ich werde sie ein wenig aufrütteln, dachte Arif, das tut ihr gut: «Sag mal, Chachi, wo ist eigentlich der Spiegel, der im Badezimmer hing?»

«Ich habe ihn zum Reinigen gegeben, er ist bald wieder da; am Samstag ist er zurück, glaube ich. Für gewöhnlich holen sie ihn am Donnerstag und bringen ihn am Samstag zurück.»

Chachis Ausflüchte waren nicht so geschickt wie Chachas. Ihre «Einzelheiten» klangen nie glaubwürdig. Chacha hingegen war ein Meister. Er hätte bei den asiatischen Meisterschaften im Lügen mit Leichtigkeit Gold holen können. Armer Chacha. Arme Chachi. Arif wünschte, er könnte sie mögen, doch er wusste, dass es nie der Fall sein würde. Er konnte ihnen zwar vergeben, aber er konnte sie nicht mögen. Was war das wohl für ein Gefühl, wenn man geliebt wurde, wenn jemand Leckerbissen für einen kochte, wie Madhus Mutter? Oder dafür sorgte, dass genügend heißes Wasser für ein Bad vorhanden war? Oder einen begrüßte oder vielleicht sogar umarmte, wenn man von der Schule nach Hause kam?

Er schlief ein und als er aufwachte, hörte er Nachmittagsgeräusche. Die Tempelglocken, der Bet-Ruf des Muezzin von der Moschee, der Milchmann, der seine wässrige Milch anpries.

Der Türknauf wurde vorsichtig gedreht. Draußen stand Chacha mit einem Stück Papier in der Hand.

«Hör mal, ***Beta***, ich habe hier etwas für dich. Ich habe es vor einiger Zeit von deiner Mumtaz khala bekommen und wollte dich nicht damit belasten. Aber weil du die ganze Zeit nach ihr fragst und dich nach ihr sehnst, haben Chachi und ich beschlossen, es dir zu zeigen.» Er stellte sich neben das Bett.

Arif nahm das Papier und las es. «Ich will Arif nie mehr sehen. Bitte erlaubt ihm nicht, mit mir Verbindung aufzunehmen.» Nur zwei Sätze. Gezeichnet Mumtaz Abdulla.

Arifs Herz setzte aus, dann klopfte es mit solcher Wucht, dass ihm schwindlig wurde. Tränen stachen ihm in die Augen und seine Lippen zitterten. Er schaute nicht zu Chacha auf, der unbeweglich wie eine Statue neben ihm stand, sich schuldig fühlte und schuldbewusst aussah. Einen Brief zu fälschen ging ein wenig zu weit, selbst für ihn. Arif zwang sich die Tränen zurückzudrängen. Jetzt, mehr denn je in seinem Leben, war es wichtig, nicht zu weinen. Jetzt musste er handeln.

Chacha ging zur Tür und verließ das Zimmer.

Zweites Kapitel

Arif wartete, bis Chacha und Chachi eingeschlafen waren. Sobald er ihr regelmäßiges Schnarchen hörte, schlich er zur Tür und drehte den Knauf. Er quietschte. Verflixt noch mal. Warum schmierten sie ihn nie? Jetzt stand er in ihrem Zimmer. Er warf einen Blick auf das große Doppelbett. Das war vielleicht ein Bild! Beide lagen mit offenem Mund auf dem Rücken und schnarchten so laut, dass ihre Körper bebten.

Geräuschlos wie eine Katze auf Diebestour in der Küche kippte er den großen Sessel nach hinten, schob den Teppich unter dem Sessel beiseite und tastete mit der Hand hastig den Fußboden ab. Wie gedacht fand er in einer kleinen Vertiefung ein in Papier eingeschlagenes Paket. Er hatte immer schon vermutet, dass Chachi ihr Geld im Schlafzimmer aufbewahrte. Vorsichtig nahm er das Paket, breitete den Teppich wieder über die Stelle und kippte den Sessel zurück, der mit einem dumpfen Geräusch aufschlug. Arif erschrak so, dass er beinahe laut aufgeschrien hätte.

Chacha drehte sich auf die Seite, das Schnarchen änderte plötzlich den Rhythmus und Arif überlief es eiskalt vor Angst. Aber dann schnarchten beide wieder wie zuvor. Lautlos schlich Arif hinaus.

Als er in seinem Zimmer war, zählte er mit wachsender Überraschung das Geld. Unglaublich: alles 500-***Rupien***-Scheine, zweihundert Stück. Hunderttausend Rupien! So ein Pech für die alte Chachi. Nun, dafür konnte sie jetzt sein ganzes Geld nehmen, vielleicht hatte sie das schon längst getan, ja, bestimmt. Womöglich stahl er gar nicht ihr Geld. Er packte es zusammen. Dann fiel ihm die Zahnbürste ein. Das war etwas vom Letzten, was Amma ihm gesagt hatte. «Wir kommen spät nach Hause. Vergiss nicht, die Zähne zu putzen.» Er ging hinaus ins Badezimmer, holte Zahnbürste und Zahnpasta und stopfte sie in die Hosentasche.

Das Schnappschloss klickte laut, als er die Haustür hinter sich zuzog. Bestimmt hatten sie das gehört. Er drückte sich flach an die Wand und wartete darauf, dass sich drinnen etwas regte.

Nichts geschah. Glück gehabt! Aber plötzlich durchfuhr ihn ein eisiger Schreck. Das Geld. Er hatte es im Haus gelassen. Wie konnte er bloß so dumm sein? Jetzt konnte er nicht mehr zurück, er hatte keinen Schlüssel. Sollte er mit einem Stein die Scheibe einschlagen? Unsinn, von dem Lärm würden sie alle beide wach. Was sollte er nur tun? Es war alles vorbei. Aus und vorbei.

Verzweifelt trat er einen Schritt vor. In diesem Moment fiel sein Blick auf ein Stück Himmel zwischen den verrußten, hoch aufragenden Häusern. Was lag in dieser verlockenden Ferne? Sollte er es dennoch wagen? Sollte er? Warum nicht. Es musste noch etwas anderes geben als dieses Gefängnis, in das ihn Chachi und Chacha eingesperrt hatten. Es war die Gelegenheit. Wenn er jetzt aufgab, würden sie ihn nur stärker bewachen. Sie würden die Haustür mit einem Vorhängeschloss versehen und der Schlüssel würde an Chachis Schlüsselbund gehängt, den sie immer bei sich trug. Nein, er würde keine zweite Chance bekommen.

Er hatte durchaus bemerkt, dass Chacha in letzter Zeit noch aufmerksamer und misstrauischer gewesen war, wenn er ihn zur Schule brachte und abholte. Es hing alles mit dem Geld zusammen. Sie würden ihn nicht aus den Augen lassen und wie Kletten an ihm hängen, bis er achtzehn war.

Er hatte sich entschieden. Das Geld war nicht so wichtig. Er konnte betteln oder arbeiten. Er ging los, schritt kräftig aus und rollte über den ganzen Fuß ab. Von der Straßenecke aus warf er einen letzten Blick auf das kleine dunkle Haus. Dann wechselte er zum weichen erdigen Straßenrand und schlug zwei Räder. Herr Mendonca, der Turnlehrer, würde ihn vermissen. Nun würde er einen anderen guten Schüler nachziehen und trainieren müssen, um ihn auf die Schulsporttage schicken zu können.

In der Ferne hörte er das Rattern eines Zugs. Rei – se, Rei – se schienen die Räder zu singen. Er schlug die Richtung zum Bahnhof Dadar ein und war zehn Minuten später dort. Die große Turmuhr zeigte 23:45 Uhr. Die Kulis waren dabei, ihre Wagen zu parken und sich auf den Turbanen, die sie als Kopfkissen benutzten, schlafen zu legen. Eine große schwarzweiß gefleckte Kuh kaute an einer Zeitung, die aus einem Abfallkorb ragte. Räder kreischten, eine Pfeife schrillte und eine Gruppe von müden Fahrgästen bewegte sich aus dem Bahnhof.

Arif ging durch die Tür an einem großen Schild vorbei, das davor warnte, ohne gültigen Fahrausweis zu reisen. Er sah sich um. Sein Blick blieb an der Abfahrtstafel hängen. Um 1:06 Uhr ging ein Schnellzug nach *VT*. Er fuhr von Bahnsteig 17. Der Pfeil deutete auf die andere Seite der Überführung. Arif ging die Treppe hinauf, überquerte zwei Geleise und folgte dem Pfeil zum Bahnsteig 17. Dann setzte er sich auf eine Bank und wartete auf den Zug. Drei Minuten später war er eingeschlafen. Nicht einmal das laute Kreischen des Zugs vermochte ihn aufzuwecken. Erst als ihn ein Bettler um Geld für eine Tasse Kaffee bat, schlug er die Augen auf.

Es war fünf Uhr: Um diese Zeit standen Chachi und Chacha auf. In einer halben Stunde, wenn Chachi ihn für die Schule weckte, würde sie feststellen, dass er verschwunden war. Sie würde das Paket mit dem Geld auf seinem Bett sehen und zwei und zwei zusammenzählen. Er musste sich beeilen.

Inzwischen war der Bahnsteig voller Menschen, die ungeduldig warteten und sich vorbeugten, um zu sehen, ob der Zug endlich kam. Neben ihm stand eine Familie mit zwei Kindern. «Entschuldigen Sie bitte», sagte er, «auf welchen Zug warten Sie?»

«Auf den Chennai-Personenzug», sagte die Frau. «Er soll gleich eintreffen. Wartest du auch auf diesen Zug?»

«Hm – ja, ich warte auch auf diesen Zug.»

«Allein?»

«Ja, allein.» Seine Stimme klang stolz und ängstlich zugleich.

«Wohin fährst du?»

«Wohin? Oh, dahin wohin der Zug fährt. Ja, genau dahin.»

Er schüttelte zuversichtlich den Kopf, die Frau hob jedoch erstaunt die Augenbrauen und sah ihn mit einem ahnungsvollen Lächeln an.

«Wo sind deine Eltern? Warum bist du allein? Du bist bestimmt kein Straßenkind, dazu machst du einen zu wohlerzogenen Eindruck und dein Englisch klingt viel zu gepflegt.» Der Mann warf seiner Frau einen Blick zu und murmelte, sie solle sich nicht einmischen, doch sie erwiderte scharf: «Warum nicht? Ein Junge, genauso alt wie unser Rajen, ganz allein, geht mich durchaus etwas an.»

Die beiden Kinder, Rajen und seine kleine Schwester, kicherten, als sie sahen, wie ihr Vater aufgab und die Hände in die Luft warf. Schließlich wandte er sich zu Arif und sagte lachend: «Hast du gehört, kleiner Junge, wir sollen uns um dich kümmern!»

Nicht weinen, dachte Arif, und schon rollten ihm die Tränen über die Wangen.

Im Sturm hatte er vier Herzen erobert. Sie standen schützend um ihn herum und wussten nicht, was sie sagen sollten. Als die Scheinwerfer der Lok durch die Dämmerung brachen und der Zug kreischend einfuhr, legte die Mutter ihren Arm um seine Schultern. «Welches Abteil?», fragte sie. «Zeig mir deine Fahrkarte. Erste oder zweite Klasse?»

Arifs Gesicht verriet die Antwort. Da meinte der Vater: «Wir können ja eine Fahrkarte kaufen. Im Zug.»

«Aber ich habe kein Geld», sagte Arif. «Vielleicht kann ich die Fahrkarte dem Schaffner zurückbezahlen. Ich werde nämlich arbeiten, meinen Lebensunterhalt verdienen.»

Als der Zug bremste, gab es ein grenzenloses Durcheinander, als ob die ganze Welt einsteigen wollte. «Nun macht schon!», schrie der Vater. «Kinder – Meera, chalo! Jaldi! Nimm die blaue Tasche. Die Wasserflasche, wo ist die Wasserflasche? Hier, das ist unser Wagen, er ist eben an uns vorbeigefahren. Los, rennt. Rennt!»

Er hielt Arifs Hand so fest umklammert, dass seine Finger taub wurden. Im Laufschritt trabte Arif neben ihm her. So war Papa gewesen. Es war, als hätte er plötzlich eine Familie. Sie schienen ihn zu mögen und das Gefühl schnürte ihm den Hals zu.

Der Zug fuhr in Richtung Chennai. Die Reise dauerte zwei Nächte und einen Tag. Nie war Arif so glücklich gewesen, seit Amma und Papa gestorben waren. Rajen und Meera brachten ihm Kartentricks bei und die Mutter und der Vater versorgten ihn mit großen und kleinen Mahlzeiten. Als Gegenleistung sprang Arif an den Bahnhöfen aus dem Zug und füllte die große Flasche mit kühlem Trinkwasser. Wenn Meera müde und quengelig wurde, führte er ihr Kunststücke vor, er war so beweglich, als hätte er keine Knochen im Leib. Dann lachte und kicherte sie und wollte nicht, dass er aufhörte.

Ein älteres Paar im nächsten Abteil schaute Arif interessiert zu. «Ihr Junge hat Talent!», sagte die alte Frau zu der Mutter.

Arif wartete darauf, dass sie sagen würde: «Nein, das ist nicht mein Junge» –, aber sie schwieg. Sie bewegte bloß den Kopf, als ob sie der alten Frau zustimmte. So war es, wenn man eine Mutter hatte, sie war stolz auf all die kleinen Dinge, die man tat.

In der zweiten Nacht lag Arif auf seinem oberen Liegeplatz und überlegte, was er in Chennai machen würde, wenn der Zug morgen früh dort ankam. Die

Mutter und der Vater saßen auf dem Bett unter ihm und redeten. Allmählich ging Arif auf, dass sie über ihn sprachen.

«Er kann mit uns nach Hause kommen und so lange bleiben, wie er will.»

«Das kannst du nicht machen, Shalini. Du kannst nicht einfach ein Kind auflesen und es mit nach Hause nehmen. Das ist ungesetzlich.»

«Dem Jungen geht es schlecht. Ich sehe es seinen Augen an. Er braucht uns. Denk bloß – was wäre mit unserem Rajen? Ganz allein und ohne ein Zuhause, niemand, der ...»

«Nun übertreib mal nicht. Wir wissen doch gar nicht, ob er kein Zuhause hat. Vielleicht hat er etwas angestellt und ist abgehauen oder er ist ausgeschimpft worden, weil er schlechte Zensuren bekommen hat. Oder sonst was. Du hast getan, was du tun konntest, du hast ihm geholfen und ihn getröstet ...»

«Hah! Und jetzt soll ich ihn einfach im Stich lassen? Auf die Straße setzen? Er würde wahrscheinlich umkommen. Vielleicht muss unser Rajen eines Tages den Preis dafür bezahlen. Irgendwo weit weg, in einem fremden Land ...»

«Wirklich, Shalini! Du lässt deine Fantasie mit dir durchgehen. Wir nehmen ihn mit nach Hause, wenn du darauf bestehst.»

«Ich bestehe darauf.»

«Aber dann müssen wir uns mit seiner Familie in Verbindung setzen und ihn zurückschicken.»

«Was ist, wenn er nicht zurück will? Wenn er bei uns bleiben will?»

«Dann muss uns seine Familie schriftlich bestätigen,

dass sie einverstanden ist – und das ist sie bestimmt nicht. Er sieht nicht so aus wie ein Junge, den man einfach aufgibt.»

Eine Pause trat ein, dann räusperte sich die Mutter. «Irgendwie habe ich das Gefühl, dass er nicht zurück will. Weißt du noch, was er auf dem Bahnsteig sagte? Er sagte, dass er seine Fahrkarte bezahlen wird, sobald er Arbeit gefunden hat. Kannst du dir vorstellen, wie dieser kleine Kerl in einem Steinbruch arbeitet oder Lastwagenfahrern in einer Raststätte Tee serviert?»

«Er ist elf. In diesem Alter wissen die wenigsten, was sie wollen.»

«Ich wusste es!»

«Das glaube ich dir aufs Wort, Shalini. Ich bin sicher, dass du immer schon wusstest, was du wolltest. Aber du bist auf der ganzen Linie eine Ausnahme, nicht wahr?»

Er lachte, aber die Mutter lachte nicht.

«Sei vernünftig, Shalini. Du weißt doch, dass man Kinder nicht einfach nach Hause mitnehmen und aufziehen kann, als wären sie junge Hunde.»

«Doch, wenn sie niemand will und niemand liebt, wenn sie schlecht behandelt werden und aus lauter Verzweiflung davonlaufen.»

«Jetzt verrennst du dich schon wieder. Erinnerst du dich an die Krishnans, wie …»

«Ja, ich erinnere mich.»

«Diese Früchtchen hauen ab und tauchen wieder auf.»

«Ich gehe jede Wette ein, dass er kein Strolch ist. Er sieht hungrig aus. Er hungert nach Liebe.»

Was soll ich morgen machen?, überlegte Arif. Wenn

doch ein Wunder geschähe, die Mutter und der Vater mich aufnähmen, Chachi und Chacha anriefen und sie einverstanden wären. Das Geld, sagte eine Stimme tief in ihm drin. Vielleicht kann ich es ihnen schenken, dem Mann von der Bank sagen, dass er es ihnen geben soll. Ich brauche es nicht. Ich wäre zufrieden mit, sagen wir, zehn Rupien, damit ich der Mutter ein Geschenk kaufen könnte. Was soll ich bloß tun? Ich kann nicht schlafen, dachte er, und wenige Sekunden später schlief er doch tief und fest.

In dieser Nacht sah er im Traum Berge und Täler, Flüsse und Seen. Die Mutter und er wanderten langsam durch die Gegend, seine Hand in ihrer. Sie trug einen Korb, den Arif mit besonders schönen Dingen aus der Natur gefüllt hatte: ein kleiner Klumpen smaragdgrünes Moos, ein orangefarbener und schwarzer Frosch mit einem breiten lachenden Mund, ein Stein aus dem Fluss mit verschiedenfarbigen Schichten wie zwei Sorten Eis. Der Korb war beinahe voll. Da verdunkelte sich plötzlich der Himmel, Donner grollte und Blitze zuckten auf allen Seiten. Ein Nebel hüllte sie ein, ein dichter Nebel, der aussah wie der Brontosaurus im Naturkunderaum in der Schule. Seine Tintenfischarme schlangen sich um die Mutter – und Arif lief über die Hügel und in die Wälder, er rief nach ihr, erklärte, wer er war, bat sie, zum Vorschein zu kommen, aber sie war verschwunden.

Doch das war nicht das Schlimmste am Traum. Das Schlimmste war, dass der tintenfischförmige Nebel zurückkam, die Mutter mitbrachte und dass sie verschwand, als Arif zu ihr hinging und sie anfasste. Dann war sie wieder da mit ihrem Korb und alles begann von vorn. Arif war ganz erleichtert, als ihn die Rufe der Tee- und Kaffee-***Wallas*** aufweckten und ihn vom Traum befreiten.

Es waren Rufe auf Tamilisch. Der Zug war fast im Hauptbahnhof von Chennai angelangt. Die Mutter und der Vater weckten Rajen und Meera, gaben ihnen frische Kleider zum Anziehen und kämmten ihnen die Haare. Arif saß auf seinem Bett. Die Mutter gab ihm den Kamm und er fuhr damit ein paar Mal durchs Haar, bis es in alle Richtungen stand und der Vater es glatt streichen musste. So war es, wenn man einen Vater hatte. Er kümmerte sich darum, dass sein Sohn ordentlich aussah, damit ihn niemand auslachte. Chacha hätte ... Aber Chacha merkte nie etwas. Wenn ihm etwas aufgefallen wäre, hätte er vielleicht gesagt: «Du siehst aus wie ein zerzauster Papagei!» Und dann hätte er gemein gelacht.

Die Fahrgäste putzten sich heraus. Sie waren wie verwandelt. Sie hatten sich rasiert, das Haar gebürstet und geölt, die ***Lungis*** und ***Pyjamas*** durch Hosen ersetzt und die Frauen hatten leuchtende ***Bindis*** auf ihren Stirnen aufgetragen. Die Mutter hatte die Augen mit ***Kajal*** geschminkt. Sie sah hübsch aus in ihrem frischen Sari.

«Arif, wenn der Zug hält, nimmst du die beiden kleinen Taschen. Dann brauchen wir keinen Kuli», wandte sie sich Arif zu, der mit Rajen und Meera am Fenster saß, und sah zum Vater hinüber. Die beiden tauschten Blicke, als ob sie ein Geheimnis teilten, das nur für Erwachsene bestimmt war.

«Ja, natürlich», antwortete Arif selbstbewusst, «ich kann sogar noch etwas anderes tragen, wenn ihr wollt.»

Meera begann zu weinen, sie wollte auch eine Tasche tragen. Arif machte ihr eine: Er fülllte eine Plastiktüte mit Zeitungen, um die er und Rajen eine Schnur als Tragriemen banden. Meera war glücklich. Das sei die schwerste Tasche von allen, verkündete sie stolz, und Arif hatte sie eigens für sie gemacht.

Arif fühlte sich geborgen in der freundlichen Atmosphäre, die ihn umgab. Doch dann ging es plötzlich schief.

Der alte Mann im nächsten Abteil hatte sich eine Zeitung gekauft. Er blätterte darin, las die Schlagzeilen und sah sich die Bilder an. Plötzlich schoss er von seinem Sitz hoch, blieb stehen und wedelte wild damit: «Das ist er! Das ist er! Er wird vermisst! Er da!», rief er und deutete auf Arif. «Der Junge wird vermisst. Polizei! Polizei!»

Zu Arifs Entsetzen war mitten auf der Seite ein großes Foto von ihm und darüber stand in fetten Lettern: VERMISST. BELOHNUNG AUSGESETZT. Es stand noch mehr da, in kleinerer Schrift.

Die Leute wurden plötzlich aufmerksam. Sie verließen ihren Platz, näherten sich neugierig und blieben stehen, damit ihnen nichts von dem Schauspiel entging, das ihnen geboten wurde.

Arif war gefangen, vom Feind umzingelt. Die Mutter versuchte ihn festzuhalten, der Vater wollte erklären und bat die Leute zurückzutreten. Kinder weinten vor Angst und Verwirrung. Meera und Rajen klammerten sich ängstlich und erschrocken an ihn. Arif war der Weg versperrt; die Leute rückten dicht an ihn heran und verglichen sein Gesicht mit dem Bild in der Zeitung. Noch mehr Leute kamen und hatten andere aufgefordert mitzukommen. Da bremste der Zug,

Kulis sprangen auf, drängten sich zu den Fahrgästen und feilschten um den Preis.

Sollte er davonrennen? Es war schon fast zu spät. Dann hörte er eine Stimme, ohne Zweifel eine offizielle Stimme.

«Was ist los?» Die Schirmmütze eines Polizeibeamten tauchte über der wogenden Menge von Köpfen auf. Jetzt musste er verschwinden.

Er packte den Arm der Mutter, drückte ihn und sagte: «Danke!» Herr Mendonca, der Turnlehrer, wäre stolz auf ihn gewesen: Blitzschnell suchte er sich eine winzige Lücke in der Menschenmenge, schwang sich auf den obersten Liegeplatz hinauf, sprang über die kurze Seite des Betts auf das oberste Bett auf der anderen Seite des Mittelgangs und landete von dort in der Lücke. Dann kauerte er nieder, schlängelte sich pfeilschnell durch die Beine und Koffer und war aus dem Zug, noch ehe jemand so richtig begriffen hatte, was geschehen war.

Hilflose Rufe verfolgten ihn: «Halt! Warte, wir kommen dir nach!»

Draußen vor dem Bahnhof stand eine lange Reihe von ***Autorikschas***. «Fahren Sie los!», rief er dem Fahrer zu, nachdem er sich in die erste Rikscha gestürzt hatte. Unbeeindruckt fragte der Fahrer: «Sprichst du kein Tamilisch?»

«Nein. Aber bitte fahren Sie los. Ich bin spät dran.»

«Spät dran wofür?»

«Für – hm – das Schiff. Chennai hat doch einen Hafen?»

«Ja, natürlich. Aber die Fahrt dorthin kostet 75 Rupien.»

«Kein Problem.» Es stimmte sogar, es war kein Problem, denn er hatte nicht vor zu bezahlen. Er könnte dem Fahrer seine Schuhe überlassen. Sie waren fast neu, modische Sportschuhe, Chacha hatte sie ihm gekauft, weil er sie für die Schule brauchte. Arif wandte alle paar Sekunden den Kopf, doch niemand schien ihn zu verfolgen. Die Mutter – nein, er durfte nicht an sie denken.

«Sind wir bald da? Sind wir bald am Hafen?», fragte er immer wieder.

Der Fahrer antwortete ihm nicht mehr. Erst als sie nach einer Viertelstunde in voller Fahrt um eine Ecke bogen, sprach er wieder. «Jetzt sind wir am Hafen», verkündete er und bremste, um vor einem riesigen Torbogen, durch den man das Meer und ein gewaltiges Schiff sah, zu wenden.

Arif sprang hinaus – und war verschwunden. Der verblüffte Fahrer griff sich fassungslos an den Kopf. Als er sich so weit erholt hatte, dass er «Haltet den Dieb! Haltet den Dieb!» schreien konnte, hörte ihm kein Mensch zu. Es blieb ihm nichts anderes übrig, als aufzugeben und zurückzufahren. Zum Glück hatte er seinen letzten Fahrgast so gründlich übers Ohr gehauen, dass der Verlust wettgemacht war. Aber zufrieden war er nicht.

An der Schranke, wo die Leute ihre Fahrkarten, Reisepässe und Personalausweise zeigen mussten, schlängelte sich Arif nochmals durch ein Gewirr von Beinen und Gepäck hindurch. Als er auf der anderen Seite angelangt war und sich in der Menge von Fahrgästen aufrichtete, zögerte er plötzlich. Das große Schiff war an der innersten Mole angedockt. Die Leute strömten über die Landungsbrücke an Bord. Sollte er es versuchen? Im Sich-Durchschlängeln war er inzwischen geübt. Zunächst jedoch musste er sein Aussehen verändern. Es gab Zeitungen auf dem Schiff und die Polizei wusste, dass er in der Stadt war.

Arif sah sich um. Unter einem ausgebleichten Sonnenschirm saß ein alter Mann auf einer vergilbten Zeitung. Vor ihm lagen glänzende Werkzeuge. Der Mann musste ein Barbier sein. Arif würde sich seinen Kopf rasieren lassen – an seinem dichten, lockigen Haar konnte man ihn gleich erkennen. Er kniete vor dem Barbier nieder und sagte: «Schneiden, bitte. Ganz kurz.»

Der alte Mann starrte ihn verständnislos an und fragte dann: «Tamil?»

Arif schüttelte den Kopf und der Alte blickte gelangweilt weg. Nun versuchte Arif, ihm mit Zeichen und Gebärden verständlich zu machen, was er wollte.

Der Barbier schüttelte den Kopf und deutete zunächst auf die Werkzeuge und dann auf die Ohren.

War er taub? Ach so, er war gar kein Barbier, er reinigte Ohren. Aber er hatte ein Rasiermesser vor sich liegen. Damit konnte er ihm doch die Haare schneiden. Arif zeigte auf das Messer, dann auf seine Haare und schließlich auf sein Hemd. Er würde ihm sein Hemd als Bezahlung geben. Mit dem braun und gelb gestreiften Polyesterhemd, das sich der alte Mann nie würde leisten können, wäre er der bestangezogene Ohrenreiniger im ganzen Hafengebiet.

Da stimmte der Mann zu – sie waren sich einig.

Eine Lautsprecherstimme forderte die Passagiere für die Andamanen auf, an Bord zu gehen.

Arif unterdrückte einen Aufschrei. Ein freudiger

Schauer lief ihm über den Rücken. Die Andamanen! Im Geschichtsunterricht hatte er von den ***Kala pani*** gehört. Er wusste, dass Port Blair die Hauptstadt war und die Bilder im Geografiebuch hatten seine Sehnsucht nach diesen fernen Inseln geweckt. Korallenriffe, Mangrovenwälder, eine unglaubliche Vielfalt von Fischen und seltenen Meerestieren und -pflanzen. Und, das Beste von allem, dort lebten Völker, die noch nie mit Menschen außerhalb der Inseln in Berührung gekommen waren.

Arif trieb den alten Mann zur Eile an. Jetzt hatte er plötzlich keine Zeit mehr. Er wollte aufs Schiff.

Der Ohrenreiniger machte sich ans Werk und bald lagen Arifs Locken in kleinen flockigen Häufchen auf der Zeitung. Als er fertig war, reichte er ihm einen halb blinden Spiegel, in dem Arif seinen blanken Schädel betrachten konnte. Dann nahm er eine Flasche Öl, leerte ein wenig davon in die eine Handfläche, verteilte es auf beide Hände und rieb Arifs Kopf damit ein.

Gib mir auch deine Hose, bedeutete ihm der Ohrenreiniger plötzlich.

Arif ärgerte sich zunächst, aber dann fiel ihm ein, dass ihn der Lungi des alten Mannes perfekt verkleiden würde. Er sähe aus wie ein Sadhu, ein hinduistischer frommer Mann.

Also gut, bedeutete ihm Arif, doch dann will ich dafür deinen Lungi.

Der Ohrenreiniger sah ihn erstaunt an. Was? Dieses alte Tuch? Er zeigte auf mehrere Löcher und Flecken in dem ausgebleichten Stoff.

Macht nichts. Her damit!

Die Schiffssirene dröhnte. Sie tauschten die Kleider.

Mit nacktem Oberkörper und Lungi rannte Arif auf das Schiff zu. Er winkte mit den Armen, dann sah er jedoch, dass Schiffsoffiziere beim Eingang standen und duckte sich rasch hinter einen großen Gabelstapler, der die Rampe hochfuhr.

Konnte er sich der nächsten Gruppe von Fahrgästen anschließen? Nein. Die Passagiere waren schon alle an Bord. Die wenigen, die jetzt noch kamen, waren die Allerletzten. Keine Gruppen mehr.

«Klarmachen zum Ablegen!», befahl der Kapitän durch den Lautsprecher.

Es war hoffnungslos. Arif wandte sich um. Da rief der Offizier auf dem unteren Deck, der die Fahrkarten kontrolliert hatte: «He du, bist du der Ziegenhirte? Hat dich Chanda geschickt? Chanda von der Mighty Mutton Company?»

«Ja, ja!», rief Arif zurück.

«Na, dann beeil dich! Wo hast du bloß gesteckt? Fahrkarte? Was, er hat dir keine Fahrkarte mitgegeben? Also, dann komm mal an Bord, den Rest erledigen wir später. Deinen Koffer hat er wohl vorausgeschickt.»

Als Arif auf das untere Deck trat, klopfte ihm der Offizier kameradschaftlich auf die Schulter. «Gott sei Dank, dass du da bist! Die Ziegen wären ohne dich glatt eingegangen, sie wären vier Tage ohne Futter und Wasser geblieben, wenn du nicht gekommen wärst. Und ich habe keine Ahnung von Ziegen.»

Ich auch nicht, dachte Arif. Aber wenn das die einzige Möglichkeit ist, zu den Andamanen zu gelangen, bin ich eben Ziegenhirte. Nur, wo sind die Ziegen?

Drittes Kapitel

Der Lattenverschlag befand sich an der Hafenseite des Schiffs. Arif stand ein paar Schritte daneben am Geländer und beobachtete, wie Schleppschiffe das große Schiff in tieferes Fahrwasser brachten. Das Eisenmonster ließ sich von den kleinen Schleppschiffen nur langsam in Bewegung setzen. Zuerst schüttelte es sich beinahe unmerklich. Dann aber kam es in Fahrt, trieb majestätisch auf den endlos grünen Ozean zu und die Maschinen begannen zu dröhnen. Möwen und Meerschwalben zogen mit jammerndem Geschrei ihre Kreise über dem Schiff. Wenn Abfall hinausgeworfen wurde, stürzten sie pfeilschnell vom Himmel herab und versuchten das Futter zu ergattern, bevor es sich im Wasser aufgelöst hatte. Manchmal stritten sich zwei oder sogar drei Vögel um denselben Bissen. Arif wunderte sich darüber, dass sie ***Idlis, Chappatis*** und ***Puris*** fraßen. In den Naturkundebüchern fraßen die Vögel immer nur Würmer und Insekten. Es gab keine Puris in ihrem angestammten Lebensraum, und doch fielen die Vögel über das Essen her. Sie hatten ihre Gewohnheiten der veränderten Umwelt, den Menschen und dem Abfall angepasst, um zu überleben.

«Warum bist du nicht bei den Ziegen?» Es war der Offizier.

«Die Ziegen sind doch da, Sir», antwortete er und zeigte auf den Verschlag.

Der Offizier spähte hinein. «Junge, weißt du eigentlich, wie Ziegen aussehen?»

«Ja, Sir.»

«Sind sie rosa, haarlos und machen öf-öf?»

Arif schielte durch die Holzlatten. Fünf höchst unziegenhafte Gesichter schauten ihn neugierig an.

«Brauchst du noch mehr Beweise?», fragte der Offizier zu allem Überfluss. «Die Leute von Mighty Mutton wollten jemanden schicken, der sich auskennt, jemanden, der weiß, wie man mit Ziegen umgeht. Besonders mit dem Kitz. Wenn dem Kitz irgendetwas zustößt, zerreißt dich Chanda in kleine Stücke. Kümmere dich darum, sonst macht er dir den Garaus. Weißt du, was du tun musst, wenn wir in Port Blair angekommen sind?»

Ja, so schnell wie möglich verschwinden, dachte Arif.

«Er hat dir doch sicher alles erklärt. Jetzt geh zu den Ziegen. Sie sind auf dem ersten Deck. Tu, was Chanda dir aufgetragen hat, kümmere dich besonders um das Kitz, sonst rollt dein Kopf.»

Herr Chanda verstand es jedenfalls zu drohen, dachte Arif. Er ging die Treppe hinunter zum unteren Deck. Die Reisenden richteten sich für die lange Überfahrt ein. Sie begannen ihre Schlafmatten auszurollen, bauten mit den Leintüchern, Plastiktaschen und Blechkoffern kleine Zelte und zündeten Primus- und Petroleumkocher an, um ihre Mahlzeiten zuzubereiten.

Als er an einem Topf voll brodelndem ***Daal*** vorbeikam, spürte Arif, wie sich ihm vor Hunger der Magen zusammenzog. Ums Essen hatte er sich bisher noch nie Sorgen machen müssen (dass er den Hunger Chachis Mahlzeiten manchmal vorgezogen hatte, war eine andere Geschichte). Wann würde er wohl das nächste Mal zu essen bekommen? Wenn er nur – nein, er wollte nicht an die Mutter im Zug denken. Damit würde er sich bloß verrückt machen. Es war wichtig, einen klaren Kopf zu behalten.

Aber wo waren die Ziegen? Das Deck war viel größer, als er gedacht hatte. Es sah aus wie ein riesiger, hölzerner Park, in dem die Leute herumstanden, saßen, schliefen, kochten und aßen. Er fragte einen Mann, der ihm entgegenkam. «Entschuldigen Sie bitte, haben Sie irgendwo einen Lattenverschlag mit Ziegen gesehen?»

«Ziegen? Nein. Oben habe ich Schweine gesehen, aber keine Ziegen.»

Arif drehte eine Runde auf dem Deck. Gerade als er sich entschlossen hatte, nochmals zu fragen, hörte er ein schwaches Meckern. Er ging dem Geräusch nach und fand eine Lattenkiste, in der vier Ziegen zusammengepfercht waren, darunter ein nur wenige Tage altes Kitz. Die Kiste war so klein, dass die Tiere weder stehen noch richtig liegen konnten; sie lagen in- und übereinander auf dem Boden und waren offensichtlich völlig verängstigt. Er schaute sie an und versuchte sie zu streicheln, sie erschraken aber so sehr, dass sie laut meckerten und Arif seine Hand schnell zurückzog.

«So könnt ihr nicht drei Tage lang reisen», belehrte sie Arif aus ein paar Schritten Entfernung. «Wir müssen euch rauslassen.»

Sein Blick fiel auf einen Jutesack, der gegen das Geländer gelehnt stand, und als er die Kokosschnur löste, sah er, dass er voll mit grünem Gras gefüllt war. Das war für zwischendurch. Wo aber war das Futter? Eins nach dem andern! Wie konnte er die Kiste öffnen und die Tiere rauslassen? Er musste sich beeilen, bald war es dunkel.

Zuerst leerte er den Sack und machte einen Grashaufen neben der Kiste. Dann lieh er sich von einer Familie, die in der Nähe kochte, ein Messer aus, schnitt lange Streifen aus dem Jutesack und verknüpfte sie zu vier Leinen für die Ziegen. Jetzt brauchte er Werkzeug, damit er die Kiste öffnen konnte. Noch vor kurzem hatte er jede Menge Schiffsmechaniker in weißen Monteuranzügen mit Werkzeugen in den Taschen gesehen.

Arif lehnte gegen das Geländer und spähte über das Deck. Er brauchte nicht lange zu warten, bis er eine Gruppe von Mechanikern auf dem Weg in den Maschinenraum sah.

Arif rannte los. «Entschuldigen Sie, darf ich mir für ein paar Minuten Ihren Hammer und Ihren Schraubenzieher borgen?»

Der Mann, den er angesprochen hatte, sah ihn erstaunt an. Er drehte sich zu seinen Kollegen um und sagte: «Habt ihr den Kerl gehört? Habt ihr gehört, was für ein feines Englisch er spricht? Nicht mal in Goa hört man solches Englisch. Nein, Junge, von mir kannst du nichts haben, tut mir Leid.» Dann ging er weiter.

Arif sah, wie sie die Treppe hinuntergingen. Der Mann, den er angesprochen hatte, ging zuletzt. Aus seiner Gesäßtasche ragten verschiedene Werkzeuge. Arif folgte ihm, griff nach einem Hammer und sprang flink wie eine Ziege die Treppe hinauf. Zum Glück war die Kiste flüchtig geschreinert, in zehn Minuten hatte er alle Nägel und Schrauben entfernt. Dann band er die Ziegen mit den Jutestreifen an das Geländer. Arif setzte sich freundschaftlich neben sie, sprach mit ihnen und streichelte sie, bis die Angst aus ihren Augen verschwunden war. Als sie sich beruhigt hatten, fraßen sie ein wenig von dem frischen grünen Gras.

Der Schiffsmechaniker, von dem sich Arif den Hammer geborgt hatte, lehnte über das Geländer. Arif steckte den Hammer ebenso unbemerkt in die Gesäßtasche, wie er ihn genommen hatte. Als er gehen wollte, drehte sich der Mann um und erkannte ihn. «Nein, habe ich gesagt, hau bloß ab und lass mich in Ruhe, Mann.»

«Schon gut, Sir. Ich brauche ihn nicht mehr», antwortete Arif und sah ihm direkt in die Augen.

Es war dunkel geworden, die Sterne prangten am Himmel wie Juwelen. Die Ziegen schienen Hunger zu haben. Besonders das Kitz wimmerte. Es versuchte, an die Ziege neben ihm heranzukommen, und diese wiederum versuchte zu dem Kitz zu gelangen.

Bin ich blöd, dachte Arif. Sie ist natürlich die Mutter, und wenn sie zusammen wären, hätte zumindest das Kitz keinen Hunger mehr. Er löste die Leine des Kitzes, brachte es zu seiner Mutter und schob es ihr unter den Bauch. «Komm, trink ein wenig Milch, beeil dich ein bisschen.»

«Was machst du eigentlich?» Arif, der neben dem Kitz kniete, sah auf und bemerkte den Schiffsoffizier. «Weißt du nicht, dass Ziegenböcke keine Milch geben?»

Arif wusste nicht, wo er hinschauen sollte. Er fühlte sich grenzenlos dumm und verbarg das Gesicht in den Händen. Als er durch die Finger schielte, sah er, dass der Schiffsoffizier weniger böse aussah. Seine Mundwinkel zitterten ... zuckten ... und er prustete los. Er lachte laut und dröhnend, schlug die Hände zusammen und stampfte mit dem Fuß auf. Mittendrin hielt er unvermittelt inne und sein Gesicht wurde wieder streng.

«Also, was hast du mir zu sagen?»

«Sir, ich muss etwas gestehen. Ich habe keine Ahnung von Ziegen.»

«Das brauchst du mir nicht zu erzählen. Das sehe sogar ich.»

«Ich bin nicht der Ziegenhirte.»

«Du bist nicht der Ziegenhirte?»

«Nein.»

«Wer bist du dann?»

«Ich – hm – ich bin einfach jemand anderes.»

«Aber Chanda hat dich geschickt.»

«Nein.»

«Was meinst du?»

«Er hat mich nicht geschickt. Sir, bitte lassen Sie es mich erklären. Ich kenne diesen Herrn Chanda überhaupt nicht. Ich kann eine Ziege von einem Ziegenbock nicht unterscheiden. Ich bin nicht der Junge, den er geschickt hat.»

«Aber wo ist der Junge, den er geschickt hat?»

«Wie soll ich ... Ich weiß es nicht, Sir.»

«Sag nicht immer Sir. Das macht es auch nicht besser. Ist dir klar, dass du in gewaltige Schwierigkeiten geraten kannst?»

«Weshalb, S ... Warum?»

«Jetzt hör mir mal gut zu.» Der Offizier schien sich plötzlich aufzuregen. «Das wird mich meine Beförderung kosten! Der indische Schifffahrtsverband hat mich unter vielen, vielen Bewerbern ausgewählt, damit ich ihn gegenüber dem TUS vertrete.»

«Wer ist der TUS?»

«Weißt du das nicht? Der TUS ist das *Tribal Upliftment Scheme*, ein staatliches Förderprojekt für die Völker, die auf den Andamanen leben. Ich darf gar nicht daran denken, was jetzt geschieht.»

«Was soll schon geschehen?»

«Genau – nichts wird geschehen. Die Ziegen werden kein Futter bekommen und zu Grunde gehen und ich werde dafür verantwortlich gemacht. Chanda hat mir versprochen, einen Ziegenhirten zu schicken. Wo steckt er bloß?»

«Ich weiß es wirklich nicht. Vielleicht hat er das Schiff verpasst.»

«Aber ich habe dich gefragt, als du an Bord gekommen bist.»

«Ich weiß, ich habe gelogen. Und jetzt ist es wohl besser, wenn sich jemand anderes um die Ziegen kümmert, damit ich Ihnen weitere Unannehmlichkeiten erspare. Ich könnte ...»

Der Offizier schrie auf. «Mich allein lassen! Was fällt dir ein! Ich habe noch nie im Leben mit Tieren zu tun gehabt. Sie würden sterben, und ich auch!» Als er sich gefasst hatte, setzte er eine würdevolle Miene auf und erklärte: «Reden wir nicht mehr davon, du kannst bleiben. Immer noch besser als gar niemand. Aber womit wirst du sie füttern? Chanda wollte dem Ziegenhirten

Futter mitgeben, und du, du kannst nicht mal einen Bock von einer Ziege unterscheiden.»

«Ich werde sie füttern, ob es nun Böcke oder Ziegen sind.»

«Hah! Das ist wirklich eine gute Idee, aber mit was fütterst du sie? Chanda wollte dem Jungen auch Geld mitgeben, um Milch für das Kitz zu kaufen.» Der Schiffsoffizier klang wieder ganz verzweifelt.

Arif schwieg und versuchte sich zu erinnern, was Ziegen fraßen.

«Gibt es hier irgendwo eine Kantine? Die Köche könnten mir Gemüse und Abfälle geben.»

«Fressen Ziegen Abfälle?»

«Ja, das tun sie. In unserer Straße in Mumbai habe ich sogar gesehen, wie sie Zeitungen, alte Schuhe und Stoff fraßen ...»

«Ich weiß, dass Kühe Zeitungen und sogar Zeitschriften fressen», sagte der Schiffsoffizier langsam, «aber Ziegen?»

«Geben Sie mir eine Zeitung, dann werde ich es Ihnen zeigen.»

«Nein, für solche Späße haben wir jetzt keine Zeit. Es geht um meine Stelle oder zumindest um meine Beförderung. Die Übergabe der Ziegen wird im ganzen Land im Fernsehen gezeigt. In allen Zeitungen wird darüber berichtet und überall wird mein Name zu lesen sein.» Ein kleines Lächeln begann sich von seinen Mundwinkeln her auszubreiten, aber dann presste er die Lippen wieder zusammen. «Ein paar halb tote Ziegen sind keine Empfehlung für mich. Chanda hätte immerhin daran denken können, ein Muttertier für das dumme Kitz mitzuliefern.»

«Vielleicht ist ja eine der Ziegen ein Muttertier. Nur welche?»

Sie kauerten beide nieder und musterten die Ziegen von unten, kamen jedoch zu keinem Schluss.

«Bei der war ich sicher, aber bei diesen ...» Er bemerkte einen jungen Mann, der ein paar Schritte von ihnen entfernt einen Filmsong pfiff. «He, Sie!»

Der junge Mann sah erschrocken und ein wenig beunruhigt drein und näherte sich zögernd.

«Kennen Sie sich mit Ziegen aus? Wissen Sie, ob das hier Ziegen oder Ziegenböcke sind?»

Erlaubten sie sich einen Spaß mit ihm? Der junge Mann blickte unsicher Arif an.

Arif sah todernst aus – doch dieser Offizier in seiner eleganten Uniform, hatte der wirklich keine Ahnung? Er bückte sich und deutete auf ein Tier. «Ein männliches Tier, Sir.»

«Das dachte ich mir. Und diese beiden?»

«Auch Böcke, Sir.»

«Genau wie wir vermuteten. Gut. Sie dürfen gehen.»

Als er ihnen den Rücken zugedreht hatte, schnitt der Schiffsoffizier eine Grimasse und Arif und er mussten unwillkürlich lachen. In diesem Augenblick tauchte hinter einigen Fahrgästen ein anderer Offizier auf, er war offensichtlich von höherem Rang, trug goldene Streifen und steife Epauletten. Der Ziegenoffizier sprang auf und salutierte.

«Klappt es mit dem TUS-Projekt?»

«Ja, Sir. Kein Problem, Sir. Wir haben alles im Griff, Sir.»

«Gut.» Der Offizier ging weiter.

Arif und der Ziegenoffizier machten sich an die Arbeit. Sie gingen in die Küche hinunter und sprachen mit den Köchen. Der Chefkoch zeigte auf einen Berg von Gemüseabfällen und Fruchtschalen auf dem Fußboden. «Greifen Sie zu, Sahib, und viel Vergnügen! Wir werfen es so oder so über Bord. Entweder bekommen es die Fische oder eben die Ziegen. Für mich spielt es keine Rolle.» Er gab ihnen einen Stapel alter Zeitungen und Arif schaufelte das Ziegenfutter auf.

Die Reise nach Port Blair ging voran. Arif spielte mit dem Kitz. Um sein eigenes Essen hätte er sich keine Sorgen zu machen brauchen. In Indien muss ein Kind selten hungern, wenn in der Nähe gekocht wird. An diesem ersten Abend brachte ihm jemand einen Teller mit heißem Reis und Daal. Am nächsten Morgen wetteiferten sie sogar darum, wer ihm das Essen bringen durfte – jedenfalls warteten drei Teller mit Frühstück auf ihn, als er mit dem Ziegenfutter zurückkam. Als er sich umsah, winkten drei Fahrgäste und bedeuteten ihm aufzuessen. Arif aß von jedem Teller ein wenig und gab den Rest den Ziegen.

Er wurde nicht müde, aufs Meer zu schauen. Unter ihm schien es glatte, seidene Falten zu werfen, über die das Schiff hinwegglitt. Er betrachtete die Wirbel und Strudel, die sich kräuselnden Wellen und Spritzer und genoss die endlose Vielfalt an Formen und Farben. In der Ferne dehnte sich das Meer aus, so weit das Auge reichte, es sah aus wie ein weicher, blauer Teppich aus Luft.

Jede Tageszeit bot ihr eigenes Schauspiel an Glanz und Farben. In der Nacht widerspiegelte das Wasser den Mond und die Sterne und wiegte sie in den Wellen und Wogen. Und die Geräusche des Meers! Sie waren so sanft und friedlich, es war kaum zu glauben, dass die lärmenden Lastwagenhupen und Lautsprecher nur einen Tag zurücklagen.

Wenn Amma und die Mutter in seine Träume eindrangen, setzte er sich auf, sah über die ausgestreckten Arme des Meers hinaus und fühlte sich getröstet. Von jetzt an, sagte er zu sich selbst, werde ich in solchen Dingen Trost und Zuversicht finden: im Anblick des Meeres und der Bäume, in den Kapriolen der Möwen und Meerschwalben. Sie werden nie verschwinden, werden mich nie im Stich lassen. Als er den Kopf drehte und eine Mutter mit ihrem kleinen Kind spielen sah, musste er den Vorsatz jedoch fallen lassen. Tränen strömten ihm aus den Augen, unvermittelt und unaufhaltsam.

Konnte irgendjemand eine Mutter ersetzen? Vielleicht hätte er am Bahnhof nicht davonlaufen sollen. Die Mutter und der Vater hätten ihn beschützt. Doch hätten sie die Leute, die nur auf die Belohnung aus waren, abwimmeln können? Hätten ihn Chachi und Chacha in Frieden gelassen? Sie hätten ihn sicher gefunden und mitgenommen. Nie hätten sie auf das Geld verzichtet. Die Mutter wäre zu einem Richter oder so gegangen und hätte Arif aufgefordert, von dem Gefängnis zu erzählen, in das ihn Chacha und Chachi gesperrt hatten, und von dem Geld, das verschwunden war… Aber wenn sie keinen Erfolg gehabt hätte, was dann? Und Mumtaz khala hätte sicher einen Weg gefunden, sich bei ihm zu melden, wenn sie noch leben würde.

Er wollte nicht daran denken. Wenn diese Gedanken in ihm aufstiegen, schüttelte er seinen kahl geschorenen Kopf. Dann stieß das Kitz seinen eigenen kleinen Kopf liebevoll gegen seinen. «Nein», sagte Arif, «ich hab nicht vor, dich gern zu mögen. Geh weg.»

Es war die letzte Nacht auf dem Schiff; kurz nach Sonnenaufgang würden sie in Port Blair einlaufen. Nachdem die Reisenden drei Nächte auf demselben Deck verbracht und den Schlafplatz miteinander geteilt hatten, waren sie gute Freunde geworden. Heute Nacht würden sie ein gemeinsames Essen veranstalten, jeder hatte Reis, Daal, Gewürze und andere Zutaten dazu beigesteuert. Sie hatten einen riesigen Topf von der Küche ausgeborgt – groß genug, um vier Ziegen darin zu beherbergen, dachte Arif.

Der Chefkoch, ein Fischer aus Nord-Andaman, dessen Idee das Essen gewesen war, winkte Arif herbei. «He, du, Ziegenjunge, du kommst auch zum Fest heute Abend, nicht wahr?»

«Oh, Onkel, kümmere dich nicht um mich, ich ...»

«Doch, doch, du musst dabei sein. Ja, ganz richtig, du musst herkommen und mir helfen. Wie heißt du? Arif? Ein schöner Name. Bist du Muslim?»

«Ja, Onkel.»

«Gut, dann bist du unser einziger Muslim. Auch alle anderen Religionen sind vertreten. Wir haben zwei ***Jains***, sie sitzen dort und füttern die Mücken und Ameisen. Christen, Hindus, Jains, sogar Buddhisten – siehst du die beiden Mönche in der Ecke? Sie wollen das Heiligtum besuchen, das die Japaner während des Kriegs errichtet haben. Und jetzt du. Unser Muslim.

Auf den Andamanen kommen alle miteinander aus, da spielt die Religionszugehörigkeit eine viel geringere Rolle als auf dem Festland.»

«Ich weiß, einmal habe ich im Fernsehen gesehen, wie sich in Hyderabad Hindus und Muslime bekämpft haben. Es wurden viele Menschen getötet. Zwei Mütter weinten vor ihrem Haus.»

«Sag nicht, Hindus und Muslime haben sich bekämpft, Beta, sag, die Politiker haben sich bekämpft. Wenn jemand dafür bezahlt wird, Hindus oder Muslime oder sonst jemanden einzuschüchtern, müssen wir uns alle darum kümmern. In meinem Dorf sind meine besten Freunde Muslime. Sie kochen einen wunderbaren ***Pilaw***! Betest du?»

«Nein, Onkel.»

«Nein? Und du willst ein Muslim sein? Kannst du einen Pilaw machen?»

«Nein, Onkel.»

«Was soll man denn dazu sagen! Wenn du heute Abend siehst, dass ich Feuer mache, kommst du zu mir. Dann zeige ich dir, wie man einen Pilaw kocht. Damit du wenigstens in dieser Beziehung ein ordentlicher Muslim bist.»

Es wurde ein festlicher Abend. Der Onkel kommandierte ihn herum, hatte an allem, was er tat, etwas auszusetzen – «Sag mal, Beta, wer hat dir beigebracht, Möhren zu schneiden?» – und hielt seine anderen Helfer auf Trab. Sie kümmerten sich um die Glut in den Kohlebecken, verlasen und wuschen ganze Berge von Reis, brieten Zwiebeln und taten andere Dinge, um den Pilaw vorzubereiten. Für das Kochen war der Onkel zuständig, seine Helfer sahen ihm bewundernd zu. Als der Pilaw fertig war, forderte er alle auf, sich im Kreis hinzusetzen. Drei Ziegen meckerten als Antwort.

«Nein, ihr nicht. Im Augenblick sind nur menschliche Wesen gefragt.»

Der Kreis reichte beinahe um das ganze Deck herum und Arif verteilte die Bananenblätter, aus denen sie essen würden. Es gab Applaus für den Koch, der seinem Oberassistenten Arif gratulierte. Arif errötete und blickte Hilfe suchend zu seinen Ziegen.

Dann bildeten sich kleine Gruppen und wie jeden Abend drehte sich das Gespräch um die Andamanen. Geschichten wurden erzählt und wieder erzählt, jedes Mal ein wenig schärfer und mit etwas mehr ***Masala*** gewürzt.

An diesem Abend handelten die meisten Geschichten von den Jarawas auf Süd- und Mittel-Andaman, einem Volk, das sich in Arifs Ohren ebenso fremdartig und spannend ausnahm wie die südamerikanischen Völker, von denen er im Abenteuerkanal gehört hatte. Die Jarawas waren eines von fünf Völkern auf den Andamanen und den Nikobaren. Fast alle Jarawas lebten in völliger Abgeschiedenheit in einem waldigen Schutzgebiet, das ihnen die Regierung zur Verfügung gestellt hatte. Nur ein Wort ihrer Sprache war bekannt: Jarawa. Es bedeutete «das andere Volk».

Vor einem Jahr hatten etwa dreißig Jarawas vom südlichsten Ende des Schutzgebietes einigen Vertretern der indischen Regierung erlaubt, an Land zu kommen und Geschenke zu bringen. Inzwischen unternahmen die Beamten jeden Monat solche Geschenk-Expeditionen.

Der Onkel, der das Pilaw gekocht hatte, ergriff das Wort: «Zu Beginn wollten sie von den Regierungsbeamten keine Geschenke annehmen, weder Stoff, Spielzeug, Kochtöpfe noch Pfannen. Jetzt nehmen sie sie zwar an, aber sie wollen sich nicht zivilisieren lassen. Sie leben immer noch wie Dschungelbewohner.»

Jemand aus dem Kreis der Zuhörer schnalzte zustimmend mit der Zunge. «Sie schicken auf alles und jeden Pfeile ab. Habt ihr gehört, was bei der letzten Geschenk-Expedition geschah? Als die Beamten auf der falschen Insel landeten? Mein Onkel war der Serang, der Bootsführer, er arbeitet im Hafen, wisst ihr. Er erzählte mir, wie der arme Leiter des Regierungsausschusses erschossen wurde. Der Pfeil drang geradewegs durch seine Kinnlade. Und er schrie vor Schmerz. Mein Onkel sagt, es sei so schlimm gewesen, dass er nur noch gebrüllt habe, obwohl er sich als Soldat eigentlich beherrschen müsste.»

Jemand wandte sich einem lächelnden, muskulösen Mann zu, der sogleich seinen Kopf in den Händen verbarg. «Ich bin nicht hier.»

«Bitte, Shomitra. Nur dies eine Mal.»

Der Mann lachte gutmütig. «Ich kann den Jarawas alles verzeihen, was sie uns angetan haben. Außer dass ich diese Geschichte alle paar Tage erzählen muss – nein, das kann ich ihnen nicht verzeihen.»

«Macht nichts. Sie scheinen auch ohne deine Vergebung leben zu können, Shomi.» Der Onkel hatte gesprochen. «Bitte. Nur noch dieses eine Mal. Arif zuliebe. Wir müssen ihm von den Jarawas erzählen … Um ihn zu warnen. Komm schon, Shomi.»

Shomitra zuckte ergeben die Schultern. «Na gut.

Das allerletzte Mal. Aber versprecht mir, dass ihr mich nie wieder darum bittet.»

Rund um ihn herum riefen die Zuhörer: «Ja, ja.»

«Aber das habt ihr mir schon letztes Mal versprochen!»

«Und wir werden es dir auch das nächste Mal versprechen. Erzähl schon, fang endlich an.»

Shomitra sah Arif an und begann zu erzählen. «Ich bin Fischer und wie die meisten von euch wissen, fische ich Haie. In Süd-Andaman ist der Haifischfang ein wichtiger Wirtschaftszweig, doch die Gewässer sind ... sind inzwischen beinahe leer gefischt. Manchmal bist du stundenlang draußen und fängst nichts. Daher versuchten wir es weiter nördlich – auf der zerklüfteten Seite –, bis wir im Schutzgebiet der Jarawas waren. Dort gibt es reiche Fischgründe. Aber Gott straft die, welche sich nehmen, was ihnen nicht gehört, und – Hai Ram! – wie wir bestraft wurden! Wir waren siebzehn Fischer auf fünf Booten. Wir brachen noch vor Sonnenaufgang von Wandoor auf. Es war der 22. Dezember, vor genau fünf Monaten. Wir waren den ganzen Tag unterwegs, machten einige große Fischzüge und gingen, kurz nachdem der Mond aufgegangen war, auf einer Insel in der Nähe von Tikidi an Land, um zu schlafen. Wir schliefen und am nächsten Morgen weckte uns ein Geräusch, das uns das Blut in den Adern stocken ließ. Es war ein tiefes Summen, dann ein Murmeln, ein sanftes Do-do-do-do. Wir wussten, was das zu bedeuten hatte. Jarawas. Zu Tode erschrocken rannten wir Hals über Kopf davon. Aber dann begannen Pfeile auf uns hinunterzuregnen und wir zerstreuten uns in alle Richtungen – wie Hühner.

Wir waren außer uns vor Angst, verrückt vor Furcht. – He, Junge, beruhige dich, du siehst aus, als würdest du von den Jarawas verfolgt!»

Arifs Augen leuchteten vor Aufregung und Spannung.

«Die meisten schafften es, in die ersten drei Boote zu gelangen, die lagen am nächsten. Sechs von uns blieben am Ufer zurück. Ein Pfeil steckte in meinem Rücken. Hier. Tief drin. Und zwei nebeneinander in meinem Oberschenkel. Ein weiterer hatte meine Wange gestreift – seht ihr die Narbe? –, aber ich sprang ins Wasser, Pfeile hin oder her. Ich sah vermutlich aus wie ein sonderbares Meerstachelschwein. Ich schwamm zum nächstliegenden Boot hinaus, Gott sei Dank haben sie auf mich gewartet. Inzwischen waren uns die Jarawas dicht auf den Fersen, bereits am Strand. Ich konnte es nicht über mich bringen hinzuschauen. Die fünf anderen ... Die Polizei brachte uns die Leichen am nächsten Tag. Sie lagen am Strand. Sie hatten einen langsamen und grausamen Tod erlitten.»

Wie immer, wenn von den Jarawas die Rede war, ereiferten sich die Leute. «Was für Barbaren!»

«Die Regierung sollte mit Maschinengewehren hingehen und sie vernichten.»

«Also hört mal ...»

«Mit AK47-ern, mindestens.»

«Also hört mir mal zu», rief der Onkel und hob die Hand, um sie zum Schweigen zu bringen. «Wem gehört denn das Land? Wer hat das Gesetz gebrochen und wer ist in das Schutzgebiet eingedrungen?»

«Stimmt», sagte Shomitra. «Jedes Mal wenn ich die Narben sehe, denke ich, dass wir selbst schuld waren.

Wir haben bekommen, was wir verdienten. Das Land gehört ihnen und sie sind für Essen, Wasser, Medizin, einfach für alles, darauf angewiesen. Wir verteidigen uns schließlich auch gegen die Pakistaner, wenn sie in unser Gebiet eindringen, nicht wahr?»

Eine andere Stimme sagte: «Ganz genau, sie sind auf ein Gebiet zusammengedrängt worden, in dem es nur wenig Süßwasser gibt. Früher konnten sie über die ganze Insel verfügen und hatten immer Wasser. Jetzt ist es offenbar nicht mehr so. Umso verständlicher, dass sie das bisschen Land verteidigen, das ihnen gehört.»

«Aber sie können doch nicht einfach ... Die Polizei sollte dafür sorgen, dass ...»

«Sie greifen nur Leute an, die in ihr Gebiet eindringen. Unter britischer und japanischer Herrschaft wurden hunderte von Jarawas erschossen. Sogar die Buschpolizei, nach der Unabhängigkeit ... Es sind furchtbare Sachen passiert.»

Arifs Fantasie raste. «Die Japaner?», fragte er. «Was haben die Japaner damit zu tun?»

Eine alte, stämmige Frau, die neben ihm saß, stieß ihn in die Seite. «Weißt du nicht, dass die Andamanen während des Zweiten Weltkriegs von Japanern besetzt waren? Dass die Japaner tausende von Menschen umgebracht haben? Sag mal, was bringen sie euch eigentlich in der Schule bei – alles über Amerika oder was?»

Ja, leider, dachte Arif.

Geschichten über die Jarawas wurden noch die ganze Nacht erzählt und Arif kamen sie vor wie Märchen. War es tatsächlich möglich, dass ganze Völker so lebten, unberührt von der modernen Welt? Völker, die noch nie Geld gebraucht oder gesehen hatten? Die weder Brot noch Butter, Schuhe, Bücher, Musik, Reis oder Zucker kannten? Die noch nie von Lehrern gehört hatten? (Mensch, was für ein Glück!) Jene, die auf den nördlichen Inseln lebten und jede Verbindung mit Menschen außerhalb ablehnten, beschossen die Geschenke mit Pfeilen und warfen sie ins Meer. Wenn sie ein Schiff kommen hörten, warteten sie hoch oben auf den Bäumen, um mit mannsgroßen Bogen Pfeile voller Widerhaken zu schießen. Sie wollten keinen Ramsch wie Stoff oder Eimer. Sie wussten, dass sie für ihr Überleben auf ihre Unabhängigkeit angewiesen waren. Doch einige Jarawas, die Freundlichen Jarawas, wie sie genannt wurden, hatten Geschenke angenommen und vielleicht würden ihnen andere folgen.

«Sie müssen», sagte jemand. «Sie können nicht für immer und ewig wie Dschungelbewohner leben.»

Viertes Kapitel

Arif wurde von ähnlichen Geräuschen wie im Frühzug nach Chennai aufgeweckt. Kurze Anweisungen und Aufforderungen flogen hin und her, die Reisenden packten ihre Sachen zusammen, drängten zu den Toiletten, um sich zu waschen oder umzuziehen, und trieben einander zur Eile an. Als er sich aufsetzte, stieß er beinahe mit dem Kopf des Kitzes zusammen; es wartete geduldig darauf, dass Arif ihm sein Futter brachte. Er streichelte es und redete mit ihm und blickte aufs Meer hinaus. Das Meer war nicht mehr eine unendliche blaue Fläche. Rechts war ein kleiner runder Klecks von einer Insel zu erkennen, den sie rasch hinter sich ließen. In der Mitte der Insel war ein hoher Turm von subtropischen Bäumen. Aus dem Geografieunterricht konnte sich Arif an die Namen von zwei Bäumen erinnern, die auf den Andamanen wuchsen: Padouk und Gurjan, beides Harthölzer, die man für Bahnschwellen und Bänke verwendete.

Der grüne Schirm der Insel war von einem Aufsehen erregenden Sandgürtel umgeben – Korallensand, fast so weiß wie Eis. Der Sandgürtel wurde von Mangrovenbäumen gesäumt – lustige, krumm gewachsene Wesen mit langen verwickelten Luftwurzeln als Arme. Sie standen im Wasser wie stämmige Schildwachen und sanfte Wellen schlugen gegen ihre Knöchel. Im tieferen Wasser schimmerten lange tintenblaue Flecke. Korallenriffe.

Die Stimme des Offiziers unterbrach seine Betrachtungen. «Beeil dich, Junge, es ist Zeit, die Ziegen in die Kiste zu sperren. Sie sehen gut aus.» Er stieß eine Ziege leicht an. «Ich muss mich mit diesen Tieren vertraut machen. Bei der Übergabe muss es aussehen, als ob ich sie kenne, sonst haben die Leute am Ende noch das Gefühl, ich hätte nicht selbst zugepackt und Zupacken ist bei der Handelsmarine ausgesprochen wichtig. Wir überlassen die schmutzige Arbeit nicht anderen Leuten und lehnen uns zurück wie große Sahibs, die jeden herumkommandieren und anbrüllen. Wir bei der Handelsmarine legen selbst Hand an …»

«Sir, ich meine, könnten Sie dann bitte das Kitz für einen Augenblick halten, während ich einen Hammer besorge?»

Die Bestürzung im Gesicht des Offiziers war beinahe komisch, aber er nahm die Leine, die ihm Arif gab.

Arif jagte davon. Die Zeit war knapp. Die Mole von Port Blair war bereits in Sicht und er musste das Schiff verlassen, sobald sie angedockt hatten; vielleicht war die Polizei auf den Andamanen benachrichtigt worden. Auf dem untersten Deck konnte er den Mechaniker ausmachen. Er raste hinunter und nahm den Hammer unbemerkt aus der Gesäßtasche.

Als er wieder bei den Ziegen war, sah der Offizier höchst verärgert aus. «Dieses Tier hat überhaupt keinen Anstand im Leib. Jetzt hat es gerade meinen Schuh bepinkelt! Siehst du? Völlig bespritzt. Dabei müssen wir von der Handelsmarine aussehen wie aus dem Ei gepellt, nicht wie …» Seine Stimme verlor sich. Vielleicht hatte er auch gesehen, wie Arif schmunzeln musste. Er übergab ihm das Kitz und ging unsicher davon.

«Wie konntest du nur so unartig sein, den Schuh des großen Offiziers zu bekleckern? Weißt du nicht, dass du seine Beförderung riskierst, seine ganze Karriere ruinierst? Ist dir das völlig gleichgültig?», schimpfte Arif lächelnd mit dem Kitz. Das Kitz stieß reuelos seinen Kopf gegen Arifs und er machte sich daran die Lattenkiste zu bauen, um die Ziegen hineinzubugsieren. Die Ziegen protestierten wütend und Arifs Erklärungen ließen sie nur noch lauter meckern. Jetzt ragte die Mole neben dem Schiff auf und Dockarbeiter begannen zu rufen und Anweisungen zu geben. Die Reisenden und jene, die an Land auf sie warteten, winkten und riefen einander Grüße zu.

Arif rannte die Treppe hinunter, um den Hammer zurückzubringen, doch zu seinem Pech lehnte der Besitzer nicht über das Geländer. Sollte er warten? Sollte er gestehen, dass er den Hammer ausgeliehen hatte, und ihn zurückgeben?

«Meine Damen und Herren ...», ertönte die Stimme des Kapitäns durch die Lautsprecher, «bei der Anlandung wird die Polizei eine Durchsuchung des Schiffs vornehmen. Wir bitten alle Reisenden, sich in einer Reihe aufzustellen und das Schiff geordnet zu verlassen.»

Jetzt war die Entscheidung gefallen.

«Sir, hier ist Ihr Hammer. Bitte entschuldigen Sie, dass ich ihn ohne zu fragen ausgeliehen habe.»

«Wie? Was?» Die Augen des Mechanikers weiteten sich und blitzten vor Zorn.

«Ihr Hammer, Sir.»

«Was fällt dir eigentlich ein? Wie kommst du zu meinem Hammer? Kannst du mir das erklären?»

«Ich habe ihn genommen, Sir.»
«Genommen? Wo genommen?»
«Aus Ihrer Gesäßtasche, Sir.»
«Ach so, einfach aus meiner Tasche geklaut?»
«Ja, Sir.»
«Wie unverfroren du mir antwortest – ‹Ja Sir, ich habe ihn genommen.› Weißt du eigentlich, dass Stehlen auf diesem Schiff ein Vergehen ist?»
«Ja, Sir, ich weiß es und es tut mir Leid. Aber jetzt muss ich gehen, ich glaube, dass wir ...»
«Nein, du, so ungeschoren kommst du mir nicht davon, du ...»
«Oi! Pinto!», rief jemand von hinten über das Deck. «Was machst du hier? Rauf aufs obere Deck und zwar gleich! Ich hab's dir schon dreimal gesagt. Wenn wir in Port Blair einlaufen, hast du auf Station C27, U.D. zu sein!»
«Sir!» Der Mechaniker sprang auf, salutierte und eilte davon.
Arif kehrte zu den Ziegen zurück. Weshalb ließ die Polizei das Schiff durchsuchen? Vielleicht war es reine Routine – vielleicht aber auch nicht. War es möglich, dass sie nach ihm suchten? War er wirklich so wichtig? Wie viel Geld war er Chacha und Chachi wert?, überlegte er. Zwanzigtausend Rupien waren bereits mehr, als er sich vorstellen konnte. Aber er wusste, dass einige Leute hunderttausend, sogar eine Million Rupien besaßen. Vielleicht wollte Chacha Millionär sein, einen Ford Escort kaufen oder sonst etwas. Beim Gedanken, dass Chacha ein Auto zu fahren versuchte, musste Arif unwillkürlich lächeln. Beinahe hätte er die Polizei vergessen.

Arif ging zum obersten Deck hinauf und lehnte sich über die Reling. Die Schleppschiffe waren in vollem Gange, das große Schiff in den Hafen zu bringen, und ihre schroffen Schiffssirenen schrillten. Östlich vom Hafen lag Bamboo Flat Island, wo viele von Arifs Freunden auf dem Schiff als Bauern und Fischer lebten. Was sollte er tun, wenn er an Land war? Er glaubte zu hören, wie jemand von einer Durchsuchung redete und einen vermissten Jungen erwähnte. Oder war es allein seine überhitzte Fantasie? Sollte er am Ende der Reihe anstehen und warten, bis die Aufregung abgeklungen war? Oder versuchen, sich als Erster davonzumachen? Was würde geschehen, wenn sie ihn erwischten? Einzig sein kahl geschorener Kopf veränderte sein Aussehen und sicherlich wussten auch Polizisten, dass man lockiges Haar abschneiden konnte. Was sollte er bloß tun?

Wiederum zwang ihn die Stimme des Kapitäns, eine schnelle Entscheidung zu treffen.

«Meine Damen und Herren, die Inselpolizei bittet uns um folgenden Aufruf: Die Polizei fahndet nach dem elfjährigen Arif Abdulla. Arif hat Chennai am Morgen des 22. Mai verlassen. Er ist von schlanker Statur und hat dicht gelocktes Haar. Für Hinweise über den Verbleib des Jungen ist eine Belohnung ausgesetzt.»

Jetzt wurde es ernst. Er durfte auf keinen Fall auf das untere Deck zurück. Da fiel sein Blick auf einen Eimer weißer Farbe, den die Maler bei der Reling stehen gelassen hatten. Arif tauchte seinen Finger hinein und malte zwei Striche über die Stirn, wie sie Sadhus tragen. Dann zog er seinen Lungi aus und versuchte zu hinken. Wenn er überzeugend den Landungssteg hinunterhinkte, konnte er sie möglicherweise von der Fährte abbringen.

Doch er stand sogleich im Mittelpunkt der Aufmerksamkeit und die Reisenden kümmerten sich mitleidig um ihn. «Was ist passiert? Was fehlt dir denn, Junge? Dein Bein! Komm, lass mal sehen ...»

«Es ist nichts, Tante, lass nur, Onkel, ich ... ich bin die Treppe hinuntergestürzt. Nichts Ernstes, ich hab mir nur das Knie ein wenig verstaucht. Mein Onkel ist Arzt, er wird es sich ansehen.»

«Dein Onkel ist Arzt! Na, dann ist es ja gut, dass wir da sind. Wie heißt er denn, der Arzt Sahib? Ich kenne alle Ärzte in Port Blair», fragte der Onkel.

«Wie er heißt? Seinen Namen wollt ihr wissen? Mein Onkel heißt ... Sein Name ist Dr. Bakri.»

«Dr. Bakri! Merkwürdig, ich habe noch nie von ihm gehört. Es gibt nur wenige Ärzte in diesem kleinen Ort, eigentlich müsste ich ihn kennen ...»

Arif versuchte verzweifelt wegzukommen, bevor der Schwindel aufflog.

«Oh, ich glaube, ich sehe ihn dort – im braunen Hemd – auf Wiedersehen, alles Gute!»

«Auf Wiedersehen! Wir sehen uns sicher in Port Blair, das ist ein so kleiner Flecken.»

«Bestimmt. Aber jetzt muss ich wirklich gehen. Mein Onkel wartet auf mich und ich muss ... Ich muss ihm mein Bein so schnell wie möglich zeigen.» Er rannte davon, vergaß zu hinken und schlug sich wütend über sich selbst vor den Kopf. Als er zurückblickte, sah er verwunderte Gesichter. Er begann die Treppe hinunterzuhinken, kam aber so langsam voran, dass er in einem unbeobachteten Augenblick gleich mehrere Stufen auf einmal nahm, um dann wieder zu hinken.

Auf dem unteren Deck wurden die letzten Vorbereitungen zur Landung getroffen und ein Offizier – nicht der Ziegenoffizier – stand beim Ausgang und hielt die Reisenden zurück. Unten am Dock standen ein Polizeijeep und drei Polizisten, einer davon runzelte die Stirn und sprach in ein Mobiltelefon. Zwei weitere kamen die Rampe hinauf, große starke Männer mit vorschriftsmäßigen Schnurrbärten, deren Enden draufgängerisch nach oben zeigten. Einer von ihnen salutierte streng militärisch – offensichtlich das Zeichen für den Schiffsoffizier, die Reisenden passieren zu lassen.

Einer nach dem anderen ging die Rampe hinunter. Arif klammerte sich an das Geländer, hinkte und schloss sich so dicht wie möglich der Familie vor ihm an, damit es aussah, als gehörte er zu ihnen. Als er in die Nähe der beiden wachsamen Polizisten kam, begann er ein religiöses Lied zu summen, das ein Lautsprecher in der Straße, wo Chacha und Chachi wohnten, jeden Tag verbreitet hatte. «Om ganesaya namaha …»

Der eine Polizist gab ihm eine Münze, 50 ***Paise***, und Arif ging zu einem Teestand bei der Hafeneinfahrt, um mit einer Tasse ***Masala chai*** seine Ankunft auf den Andamanen zu feiern.

Ich bin so dumm gewesen, sagte er sich, wirklich unglaublich dumm. Ich hätte einen anderen Namen angeben sollen auf dem Schiff. Aber nein! Jetzt weiß jeder, dass Arif, der Gesuchte, hier ist. Diesmal habe ich Glück gehabt, nächstes Mal muss ich gründlicher nachdenken.

Und jetzt ...? Wohin? Er musste so schnell wie möglich verschwinden, bevor den Polizisten aufging, dass man Haare scheren konnte. Er hinkte zur Schranke, passierte sie und sah sich unsicher um.

Auf der anderen Straßenseite schüttelten sich zwei Männer in Uniformen die Hände. «Also», sagte der eine, «dann werde ich mich auf den Weg machen. Ich muss nach Wandoor.»

«Nach Wandoor? Müssen sie nicht aufs Schiff?»

«Nein, ich bringe sie zum neuen Zoo. Eine lange Fahrt und eine große Verantwortung. Liegt mir echt auf dem Magen.»

«Das Leben besteht aus Knacknüssen. Wann kommst du zurück?»

«Weiß nicht. Bald, vermutlich. Bis dann, Boss.»

«Wiedersehen.»

Während sie sprachen, hatte sich Arif an den Lieferwagen herangeschlichen. Der Name Wandoor war in den Gesprächen mit den Bauern und Fischern auf dem Schiff immer wieder gefallen. Dort waren die großen Betriebe, die Haifischflossen verarbeiteten, und sowohl auf den Booten als auch in den Kühlhäusern war jede Menge Arbeit zu bekommen. Vielleicht könnte er ... Sollte er es versuchen? Der Lieferwagen war gerade dabei abzufahren. Der Motor stotterte und hustete, wollte nicht so recht anspringen. Der Fahrer stieg aus dem Wagen, schlug ein paar Mal mit der Faust auf die Kühlerhaube und der Motor röchelte schwach. «Hanh, meri rani!», rief der Fahrer triumphierend.

Arif hatte keine Zeit zu verlieren. Flink – Mendonca

sei Dank – schwang sich Arif über die niedrige Ladeklappe – und landete auf etwa zwanzig jungen Krokodilen.

Arif biss sich in den Handrücken, um nicht laut aufzuschreien. Nachdem er kein Geld hatte, konnte er die kostenlose Fahrt nach Wandoor nicht wegen ein paar Krokodilen aufs Spiel setzen. Aber es war nicht einfach ruhig zu bleiben: Es war ihm im Gegenteil noch nie so schwer gefallen, sich zusammenzunehmen, nicht einmal beim ***Marathi***-Unterricht in der Schule. Zwanzig missbilligende Augenpaare starrten ihn an, zwanzig Krokodilschwänze schlugen hin und her, achtzig Krallenfüße scharrten und kratzten.

Nachdem er sich von seinem ersten Schrecken erholt hatte, bemerkte er, dass ihre Mäuler mit breiten Gummibändern zugebunden waren. Immerhin. Doch sie hielten Arif offensichtlich für einen Stein oder einen Busch und versuchten unablässig, auf ihn hinaufzukriechen. Er saß auf einer Wölbung über dem einen Hinterrad und versuchte gleichzeitig, die Füße an sich zu ziehen und den Kopf zu beugen, damit ihn der Fahrer in seinem Rückspiegel nicht sehen konnte.

«Wenigstens brauche ich eure fürchterlichen Zähne nicht zu sehen», sagte er zu einem Krokodil, das über seinen nackten Fuß kroch. «Trotzdem sind mir pinkelnde Ziegen allemal lieber.»

In diesem Augenblick, als hätte es Arifs Bemerkungen gehört und übel genommen, gelang es einem größeren Exemplar, das Gummiband zu sprengen. Sein gelber zungenloser Schlund stand weit offen und gab ein lautes Geräusch von sich. Es klang wie ein Mittelding zwischen Fauchen und Bellen, fast so wie Chacha sich am Morgen räusperte, um die Kehle zu reinigen. Zwei Reihen von scharfen Zähnen blitzten in der Morgensonne. Du wärst eine glänzende Reklame für Colgate, dachte Arif.

Mit offenem Maul begann das Krokodil auf ihn hinaufzuklettern, indem es Arifs Bein als Rampe benutzte.

«Nur zu – wenn es dir Spaß macht. Betreten nicht verboten», murmelte der Junge.

Das Krokodil nahm ihn beim Wort und schob sich träge voran. Es hielt sich an Arifs Lungi fest, näherte sich seinem Gesicht und gab nochmals ein fauchendes, bellendes Geräusch von sich, das Arif vor Entsetzen zurückfahren ließ.

Die plötzliche Bewegung erschreckte das Krokodil: Warum rührte sich der Busch oder Stein auf einmal? Es fauchte und bellte, dann folgte ein tiefes Grollen, fast wie bei einem ausgewachsenen Krokodil.

Jetzt reichte es. Arif wollte runter vom Lieferwagen. Es gab angenehmere Arten sich umzubringen.

«Anhalten!», schrie er. «He, Sie, bitte halten Sie an!» Er linste durch die Scheibe zum Fahrer hinein, der den Kopf mit einem Ruck hob, als wäre er eben gerade aufgewacht. Arif stand mit einem Bein auf der Ladefläche und hielt sich mit den Händen am Gestänge für die Wagenplane fest, während das Krokodil auf Arifs Platz saß und nach seinem freien Fuß schnappte.

Aus lauter Verzweiflung setzte Arif den Fuß auf den Oberkiefer des Krokodils und zu seiner Überraschung schloss es das Maul schnell und widerstandslos. Dann umklammerte er die Kiefer des Krokodils mit seiner Hand und hob es in seinen Schoß.

«Jetzt kannst du dich eine Weile fürchten», sagte er zu ihm und blickte in die kalten grünbraunen Augen.

Draußen sah er erste Anzeichen für einen kleinen Hafen: Eine Reihe von Fischerbooten, Netze, die in der Sonne trockneten, zwei, drei Lieferwagen und Motorroller mit Kisten voller Fisch und Fahrräder, auf deren Gepäckträgern runde Körbe befestigt waren. Waren sie bereits in Wandoor? Vermutlich schon; sobald der Wagen hielt, musste er abspringen.

Mit dem Krokodil unter dem Arm trat er zwischen die gleitenden und kriechenden Körper und bewegte sich langsam und ruhig zum anderen Ende der Ladefläche. Er setzte sich wieder auf die Wölbung über dem Rad, beugte den Kopf, damit ihn der Fahrer nicht sehen konnte, und machte sich zum Absprung bereit.

Als der Fahrer unvermittelt bremste, wäre er beinahe hinuntergeflogen, gerade noch konnte er sich am Dachgestänge festhalten. Dabei musste er allerdings das Krokodil fallen lassen und es plumpste mitten auf seine Brüder und Schwestern.

Der Motor wurde abgestellt. Arif sprang hinaus. Ein uniformierter Mann, der ebenfalls das Abzeichen vom Forstwesen der Andamanen und Nikobaren auf dem Aufschlag trug, kam dem Fahrer entgegen. Sie klopften sich zur Begrüßung auf die Schultern und gingen um den Wagen herum nach hinten, wo sich Arif aus seiner kauernden Stellung nach dem Sprung aufrichtete.

«He, du!», rief der Fahrer Arif zu. «Was hast du hier zu suchen? Pass lieber auf, das hier ist keine gewöhnliche Fracht.»

«Ist schon gut, Sir. Ich habe nichts getan, ich habe mich nur umgesehen.»

«So, umsehen nennst du das!» Der Fahrer schimpfte gern und jetzt hatte er ein passendes Opfer gefunden. «Und in was hast du deine neugierige Nase gesteckt? Komm nur her, dann werde ich dir schon zeigen, was ich für eine Fracht geladen habe.»

Vergnügt und selbstzufrieden nahm er den Jungen bei der Hand und stieß mit einer einzigen, schnellen Bewegung ihre beiden Köpfe ins Innere des Laderaums. Das würde den Jungen lehren, seine Nase in anderer Leute Dinge zu stecken.

Das Krokodil, von dessen Maul sich das Gummiband gelöst hatte, sprang auf, fauchte und bellte mit weit geöffnetem Maul und schnappte nach dem Fahrer.

Der Angstschrei, den der Fahrer ausstieß, widerhallte im kleinen Wald einer Bucht auf der anderen Seite der Straße. Und während das Echo zurückkam, sank der Fahrer in den Armen des überraschten Jungen ohnmächtig zusammen.

«Wasser! Wasser!», rief Arif aufgeregt.

Der Kollege des Fahrers rannte davon, rief «Wasser!» und riss einen Eimer und einen Becher von einem Teestand in der Nähe an sich.

Sie bespritzten den bewusstlosen Fahrer, bis er völlig durchnässt war. Blinzelnd öffnete er die Augen. Er grinste verlegen. Dann versuchte er seine Würde zurückzugewinnen, indem er seinen Kollegen und Arif beschimpfte.

«Was habt ihr gemacht? Warum bin ich so nass? Was ist passiert?»

«Sie sind in Ohnmacht gefallen, Sir. Aber das ist verständlich.»

«Das ist die Hitze. Heute ist es besonders heiß

und trocken, nicht wahr? Ich bin kühleres Wetter gewöhnt.»

«Ist doch nicht schlimm, Boss, der Anblick eines Krokodils mit offenem Maul könnte selbst ***Dara Singh*** aus der Fassung bringen.»

Der Fahrer lächelte dümmlich. «Aber die Hitze ...»

Inzwischen hatte sich eine kleine Menschengruppe um den Lieferwagen versammelt und bereits kursierten verschiedene Versionen der Geschichte. Der Fahrer lag noch immer auf dem Gehsteig, wo ihn Arif hingelegt hatte. «Ein Kampf, ein tödlicher Kampf», sagte jemand. «Nein, nein, ein Herzanfall, schlimme Sache. Stirbt sicher bald.» Als sie näher kamen, um mehr zu erfahren, fragte sich Arif, ob er die allgemeine Verwirrung nutzen und verschwinden konnte. Ja, er würde unauffällig zur Mole gehen ... Und dann?

Zum ersten Mal geriet sein Selbstvertrauen ins Wanken. Er würde es nicht schaffen. Es war ganz und gar unmöglich. Wie konnte ein Elfjähriger ohne einen einzigen Paisa sich durchschlagen? Es war ein undurchführbarer, aussichtsloser Plan. Er hätte bei Chacha und Chachi bleiben sollen. Eines Tages hätte sich das Blatt gewendet. Oder auch nicht.

Alles drehte sich vor ihm.

An jenem Abend hätte er zurückkehren, zurück ins Haus gehen sollen, als er feststellte, dass er das Geld vergessen hatte. Ja und? Es war nicht zu spät. Er brauchte sich lediglich beim nächsten Polizeiposten zu melden. Sie würden «alles Nötige» veranlassen und ihn nach Hause schicken.

Nach Hause? War es sein Zuhause? Sicherlich würde auch Chacha «alles Nötige» veranlassen.

Arif schauderte. Sein Leben würde noch mehr eingeschränkt werden. Keine Freunde, keine Spiele nach der Schule, nichts. Doch was blieb ihm anderes übrig? Je eher er es hinter sich brachte, desto besser. «Alles Nötige» würde nur ärger werden, je mehr Zeit verging. Er würde beim Teestand auf der anderen Straßenseite nach dem nächsten Polizeiposten fragen.

Später kam es Arif vor, als seien zwei Dinge auf einmal geschehen. Er sah, wie ein Fischadler in einer einzigen, makellos eleganten Bewegung wie ein Balletttänzer tief über das Wasser schoss und zum Himmel aufflog. Der Fisch in seinen Krallen schimmerte silbrig und elfenbeinfarben. Welch unvergleichlicher Anblick! Im gleichen Moment hörte er den Aufschrei der Menschenmenge vor dem Lieferwagen. Arif erkannte eine Stimme wieder, es war die lauteste, jene des Fahrers. Er war aufgesprungen, die anderen rannten entweder weg oder standen wie angewurzelt vor Schrecken. Und mit gutem Grund: Das Krokodil, von dessen Maul sich das Gummiband gelöst hatte, war über die Rücken seiner Brüder und Schwestern geklettert und stand auf der Ladeklappe, mit weit aufgesperrtem Maul und zum Angriff bereit.

«Hilfe! Ein Krokodil ist los! Ich bin erledigt … Was soll ich bloß machen?»

Wieder geschahen zwei Dinge gleichzeitig: Ein Jeep vom Forstwesen kam angefahren und fünf riesige uniformierte Kerle stiegen aus. Im selben Augenblick ging Arif auf das Krokodil zu, umklammerte mit einer Hand die Kiefer und nahm es auf den Arm.

Der Fahrer salutierte, als die Uniformierten auf ihn zukamen.

«Sind die Krokodile gut angekommen?»

«Ja, Sir.»

«Keine Zwischenfälle?»

«Nein, Sir.»

«Dieser Fahrer», sagte ein Uniformierter zu seinem Kollegen, «dieser Mahadevan ist gar nicht so übel. Nimmt seine Verantwortung wahr. Und – hast du gesehen? – er hat schon jemanden gefunden, der auf die Krokodile aufpassen kann! Zwei Sachen an einem Tag. Andere erledigen eine Sache in zwei Tagen, aber dieser Fahrer ist das pure Gegenteil.» Dann wandte er sich dem Fahrer zu: «Ich werde für deine Beförderung sorgen, ich selbst werde ein Wort für dich einlegen. Wie viel hast du dem Jungen versprochen? Wie viel? Du hast noch nichts mit ihm ausgemacht? Also, Junge, wie viel willst du haben?»

Sie redeten mit ihm! Er stand wie gebannt da. Er sah den Fahrer an, der seinen Blick bittend erwiderte. Lass mich nicht im Stich, sagten seine Augen. Schon wieder hatte Arif die Beförderung eines Erwachsenen in seiner Hand. Ein Job war jedenfalls keine schlechte Idee. Die Polizei konnte warten. Chacha und Chachi konnten warten. Aber er hatte keine Ahnung, wie viel er verlangen sollte.

«Komm schon, Junge, sag, was du haben willst. Wie heißt du eigentlich?»

«Wie ich heiße? Mein Name, Sir? Ich heiße ... Ram.»

«Brauchst du immer so lange, um dich an deinen Namen zu erinnern?»

«Von jetzt an nicht mehr, Sir.»

«Und was ist mit den Krokodilen? Kennst du dich mit Krokodilen aus?»

Er hatte sich eine ganze Stunde lang um sie gekümmert, oder etwa nicht? «Ja, Sir.»

«Wirst du mit ihnen zurechtkommen?»

«Ja, Sir.»

«Und jetzt zum Lohn. Warum hast du meine Frage nicht beantwortet?»

«Weil ...»

«Ist ja gleich. Also, wie viel?»

«Zehn Rupien, Sir.»

«Zehn Rupien? Am Tag? In der Stunde?»

«Ich weiß nicht, Sir. Am Tag oder in der Stunde, beides ist in Ordnung.»

Die Männer vom Forstwesen, die Zuschauer, der Fahrer – und schließlich auch Arif begannen schallend zu lachen, so laut, dass die Fliegenden Hunde von den Tamarindenbäumen aufgescheucht wurden und langsame, schläfrige Kreise über den Himmel zogen.

Fünftes Kapitel

Die Wochen verflogen und die Tage wurden länger. Die Sonne ging um vier Uhr in der Frühe auf und mit ihr stand auch Arif auf. Als Erstes machte er die vier Krokodilgehege sauber. Zwei weitere Krokodilladungen waren von Port Blair angekommen und der «Mini-Zoo» in Wandoor verwandelte sich nach und nach in einen «Krokodil-Zoo». Wenn er in das erste Gehege hineinsprang, schien sich der ganze Boden zu bewegen. Dann löste sich die Fläche in Schwänze und Kiefer auf, die langsam auf Arif zukrochen.

«Gebt euch keine Mühe, es ist noch nicht Fütterungszeit», rief er laut. «Warum solltet ihr vor mir zu essen bekommen? Los, verschwindet! Los, los, verschwindet!»

Einige kehrten um und watschelten davon; andere blieben, wo sie waren. Nachdem Arif sauber gemacht hatte, schwang er sich über die Mauer und salutierte flink, als sich der Wildhüter dem Gehege näherte.

«Sir!»

«Hör mal, ***Sir-Walla***. Gestern habe ich etwas erfahren, das dich vielleicht interessiert. Dem Zoo sind weitere vierzigtausend Rupien zugesprochen worden. Der Boss ist überglücklich. Wir sind das einzige selbsttragende staatliche Unternehmen auf den Inseln. Weißt du, dass wir am Sonntag – gestern – dreitausend Besucher hatten? Kannst du dir das vorstellen, Junge?»

«Ja, Sir. Wenn ich an den Müll denke, den ich gestern Abend zusammengekehrt habe, kann ich mir das sehr gut vorstellen.»

Der Wildhüter sah nicht erfreut aus, aber es fiel ihm keine passende Antwort ein.

«Na schön. Jedenfalls wollen sie uns von den Nikobaren einen großen Python schicken. Einen Netz-Python, weißt du.»

«Der Fahrer hat mir davon erzählt. Er ist fast zehn Meter lang, nicht wahr, Sir?»

«Ja. Und das bedeutet … dann werden wir … als einziger Zoo auf der Welt einen Nikobar-Python zeigen können. Das ist großartig.»

«Sir, darf ich etwas fragen?»

«Ja, natürlich. Fragen darf man immer.»

Typisch. Fragen darf man immer, sagten die Erwachsenen, doch dann bekam man keine ordentliche Antwort. «Sir, wer wird sich um ihn kümmern?»

«Hm … Wie?»

Arif fiel auf, wie die Erwachsenen plötzlich taub wurden, wenn er unbequeme Fragen stellte.

«Wer wird auf ihn aufpassen, Sir?»

«Ihn? Was meinst du?»

«Auf den Python. Auf den Nikobar-Python.»

«Ja, was ist mit ihm, Junge?»

«Wer wird sich um den Python kümmern?»

«Du natürlich, wer sonst? Du bist doch für die Reptilien zuständig. Wir haben niemanden sonst. Wenn du deine Stelle behalten willst, musst du tun, was von dir verlangt wird.»

«Und wenn ich mich nicht um den Python kümmern will?»

(In den Kühlhäusern gab es genug Arbeit, und wer wollte schon von einem Python erwürgt werden?)

Der Wildhüter stellte sich wieder taub.

«Äh … wie?»

«Sir, der Python – ich will nicht. Ich gehe, ich suche mir eine andere Arbeit.»

«Das kannst du mir doch nicht antun, Junge!» Seine Augen blickten plötzlich unendlich traurig. Er hob hilflos die Hände. «Also gut, Junge, es ist deine Entscheidung.» (Auch das war ein häufiger Trick: Die Erwachsenen sagten «Es ist deine Entscheidung» und bevormundeten einen dennoch munter weiter.) «Wenn du dich nicht um den Python kümmern kannst, können wir ihn nicht herkommen lassen. Was immer die Folgen sein werden, ich muss darunter leiden.» (Nicht zu glauben! Es ging schon wieder um eine Beförderung!)

«Welche Folgen, Sir?»

«Ich kann meine Beförderung vergessen. Meine Karriere abschreiben. Meine Frau bereitet schon den Umzug nach Chennai vor – sie ist sicher, dass ich bei meiner nächsten Beförderung versetzt werde, und jetzt wird sie nur noch auf mir herumhacken. Mein Familienleben wird in die Brüche gehen. Aber achte nicht auf das, was ich sage, ich denke nur laut. Es ist schließlich deine Entscheidung.» Der Wildhüter war den Tränen nahe.

«Ist gut, Sir. Irgendwie werde ich es schon schaffen.» Er hatte sehr leise gesprochen, der Wildhüter hatte ihn dennoch verstanden.

«O mein lieber Junge. Wenn du das für mich tust, werde ich … Ach, ist nicht so wichtig.» Er drehte sich unvermittelt um und schritt steif davon.

Es war halb zwölf. Zeit, um beim Fischereihafen, der eine Meile entfernt war, günstigen Fisch für die Krokodile zu besorgen. Arif holte das Fahrrad. Es war zu groß, der Sattel war zu hoch, er musste stehend in die Pedale treten. Auf dem Gepäckträger war ein mächtiger runder Fischkorb, wie er auf den Andamanen üblich ist. Unterwegs winkten ihm die Leute zu und lächelten. «He, gehst du Fisch holen? Viel Glück, Junge!» Der Barbier war besonders freundlich, Arif war einer seiner besten Kunden, weil er sich jede Woche für drei Rupien den Kopf scheren ließ.

Und wenn ich vom Python gefressen werde?, dachte Arif. Wenigstens würde der Wildhüter befördert werden. Mit Beförderungen kenne ich mich inzwischen aus. Ich könnte mich selbstständig machen – ein Ziegenoffizier, ein Fahrer und jetzt ein Wildhüter. Diese Erwachsenen denken an nichts anderes als an Beförderungen, Versetzungen, Zukunftsaussichten und gut bezahlte Stellen. Ob Papa auch so war?

Arif verzog sein Gesicht, versuchte sich zu erinnern und einige Bilder aus dem Gedächtnis hervorzuzaubern. Papa, der im Wagen vorfuhr, der Fahrer, der ihm die Tür aufhielt, Leute, die ihn begrüßten, als sei er ein König. Amma, die auf einem langen hölzernen Anrichtetisch Drinks für Gäste mixte. Und natürlich Mumtaz khala, die immer zu Späßen aufgelegt war und lachte.

Chacha und Chachi kamen nicht ins Bild. Im Hinterkopf tauchte ein Vetter von Papa in Meerut auf. Ein Name, nicht mehr.

Und Ammas letzte Worte im Krankenhaus: «Aru, Aru, ich werde dich immer lieben, wo ich auch bin.»

Wo war sie jetzt? Wenn es wirklich einen Himmel gab, waren beide sicher dort. Und wenn nicht, was dann? In Delhi hatte er ein Grab gesehen mit einem wunderschönen Stein und eingemeißelter Schrift. Er hatte mit Mumtaz khala dort gestanden. Aber dann war er auf einmal bei Chacha und Chachi, wo andere Grundsätze galten. Er durfte nicht weinen und weder Papa noch Amma erwähnen.

Inzwischen war er beim Fischereihafen angelangt. In der nächsten Stunde wartete er auf die Fischerboote, feilschte mit den Händlern um den Preis, schlug seine Mitbieter aus und befestigte schließlich den Korb auf dem Gepäckträger. Er wollte eben den Fahrradständer wegklappen und aufsteigen, als jemand pfiff. Es war Aung Thwin, ein Fischer von Myanmar. Aung Thwin wurde einfach Twin genannt und war wegen Fischwilderei verhaftet worden – man hatte ihn beim Fischen innerhalb der Grenzen des Indischen Ozeans erwischt. Seine Kumpel waren nach Myanmar zurückgeschickt worden, aber er, der Kapitän, musste vor das örtliche Gericht. Arif hatte von anderen Fischern aus Myanmar, Thailand und Taiwan schon viele ähnliche Geschichten gehört. Manche verbrachten Jahre auf den Inseln, bis ihr Fall abgeschlossen war. Wer Glück hatte, konnte fliehen, indem er ein kleines Motorboot kaufte und von Leuten, die Mitleid mit ihnen hatten, Diesel bekam.

Twin hatte sich mit Arif – Ram – angefreundet. Er kam auf ihn zu und kratzte sich ausgiebig am Kopf. «Ram.» Er deutete auf einen Polizisten, der vom Gericht als Wache angestellt worden war und rauchend unter einer Kokospalme lag. Der Polizist sollte Twin im Auge behalten, damit er sich nicht wie die anderen Fischwilderer davonmachte. Doch das Geld, das Twins Familie aus Yangon geschickt hatte, half, das Pflichtbewusstsein und die Wachsamkeit des Polizisten zu mindern. Arif war einer der wenigen, der Twins eigenwilliges Englisch verstand.

«Ram. Ich habe ein Boot gefunden.»

Bevor Arif begriff, was geschah, hatte ihm Twin ein Bündel Geldscheine in seine Hemdentasche gestopft. Arif versuchte zu protestieren und es zurückzugeben, aber der Gefangene zischte ihm eine Warnung zu und griff nach seiner Hand. «Scht ... scht ... Wenn die Polizei mich sieht, muss ich ins Gefängnis und ...» Er fuhr mit einem Finger quer über die Kehle. «Ich habe ein Boot gefunden. Jetzt kann ich weg. Nach Yangon!»

«Du hast ein Boot gefunden?»

«Ja, ja, ein kleines, kein großes.» Er formte seine Hände zu einer kleinen Schale. «Du musst mir Diesel bringen.» Er deutete auf das Geld.

Meinte er, dass er ein Boot gekauft hatte und dass ihm Arif Diesel besorgen sollte?

«Hast du das Boot schon gekauft?»

«Ja, ich habe ein Boot gefunden.» Er lächelte.

«Hast du das Boot gekauft oder nicht?»

«Das Boot ist im Versteck.»

Puh. Zumindest hatte er es geschafft, ein Boot zu besorgen.

«Twin, ich kann nicht. Es ist schwierig an Diesel heranzukommen. Die Polizei –», und jetzt deutete Arif an, was mit seinem Hals geschehen würde.

In den Augen des Fischers standen Tränen. «Willst du nicht? Willst du mir nicht helfen?»

Nicht schon wieder! «Also gut.»

Das ledrige braune Gesicht verzog sich zu einem breiten Lächeln. «Montag. Dann bringst du mir zwanzig Liter Diesel.»

Jetzt stand er auch noch unter Zeitdruck. Er hatte eine Woche, um «alles Nötige» zu veranlassen.

Twin spazierte mit ihm herum und tat, als bewunderte er die Aussicht, während er Arif seinen Plan erläuterte. Auf Grund der Sprachschwierigkeiten dauerte es ziemlich lange, bis Arif alles begriffen hatte. Twin trug ihm auf, kleine Mengen zu kaufen, damit niemand Verdacht schöpfte. Jeden Kanister sollte er im Stamm des großen Baumes dort drüben verstecken. Welcher Baum? «Der da», der Fischer starrte konzentriert auf einen Baum, «siehst du ihn?»

«Nein, ich weiß nicht, welchen du meinst.»

Schließlich deutete Twin ängstlich mit dem kleinen Finger auf einen großen Padouk.

Wieder auf seinem Fahrrad und unterwegs zum Zoo kniff Arif die Augen zusammen und schüttelte den Kopf. In was er nicht alles hineingeriet! Warum konnte er dem Fischwilderer nicht einfach «Nein! Tut mir Leid» sagen? Immerhin hatte er das Gesetz gebrochen, um sich in den Gewässern des Indischen Ozeans mit Fischen zu bereichern. Und wenn er, Arif – Ram, erwischt wurde, was dann? Arif stieg vom Fahrrad und überlegte einen Augenblick. Am Hafen hatte er gehört, dass letztes Jahr ein Fischer aus Taiwan geflohen war und dass die beiden Studenten aus Bengal, die ihm dabei geholfen hatten, verhaftet worden waren. Wegen günstiger Hilfe, hatten sie gesagt. Günstige

Hilfe? Ihm fiel ein, was ein Lehrer in der Schule einmal erwähnt hatte: «Wer eine kriminelle Tat begünstigt oder Beihilfe zu einem Verbrechen leistet, macht sich strafbar.» Jetzt würde er sich also strafbar machen und zusammen mit anderen Gefangenen im Hauptgefängnis Seile aus Kokosfasern drehen.

Er nahm das Geld aus der Hemdentasche und betrachtete es angewidert. Zwanzig-Rupien-Scheine, etwa fünfzehn davon.

Dring! Drrring! Dringdring! Er konnte hören, wie sich die Krokodile beim Schrillen seiner Fahrradklingel in Bewegung setzten. Sie wussten, dass Fütterungszeit war. Sie tauchten aus dem Wasser auf, plumpsten von Steinen herunter und krochen übereinander hinweg, umso schnell wie möglich ans Futter zu gelangen. Die großen, wohlgenährten Tiere traten auf die kleinen, mageren oder fauchten sie an, um sie zu verscheuchen. Deshalb behielt Arif ein wenig von dem Fisch zurück, um sie später an die kleineren Tiere, die sich hoffnungsvoll im Hintergrund hielten, zu verfüttern.

Die Krabben fressenden Nikobaren-Affen warteten zeternd auf ihr Futter. Gewöhnlich wurden zuerst die Krokodile versorgt, und wenn die anderen Tiere – die Affen, das Wildschwein, die Warane und die Vögel – merkten, dass die Krokodile gefüttert wurden, begannen sie ohrenbetäubend zu lärmen. Als Arif beim Krokodilgehege angelangt war, stieß er auf seinen Freund Ravi, den anderen Zoowärter. Es gab viel zu tun – der Drahtzaun musste ausgebessert, das Teichwasser ersetzt und der Rasen und die Büsche mussten gegossen werden –, aber in Arifs Kopf herrschte ein einziges

Durcheinander von Ängsten und Zweifeln. Er musste nachdenken.

Beim Wildschweingehege kam Badmash auf ihn zu und rieb liebevoll seinen tödlichen Hauer an ihm. Badmash war ein echtes Andaman-Wildschwein, das es sonst nirgends auf der Welt gab. Der freundliche und neugierige Badmash war der Star des Wandoor-Zoos. Besonders vor Schulklassen zog er eine Schau ab. Wie um den Lehrern zu zeigen, dass ihre Zeit im Zoo nicht verschwendet war, trabte er auf seinen lustigen kleinen Beinen schnaubend und grunzend im Kreis herum. Er war ein geborener Clown und am allerglücklichsten war er, wenn die Kinder vor Freude jauchzten und in die Hände klatschten. Er liebte es, im Mittelpunkt der Aufmerksamkeit zu stehen, und wenn sie gingen, zog er sich mit gesenktem Kopf in eine Ecke seines Geheges zurück.

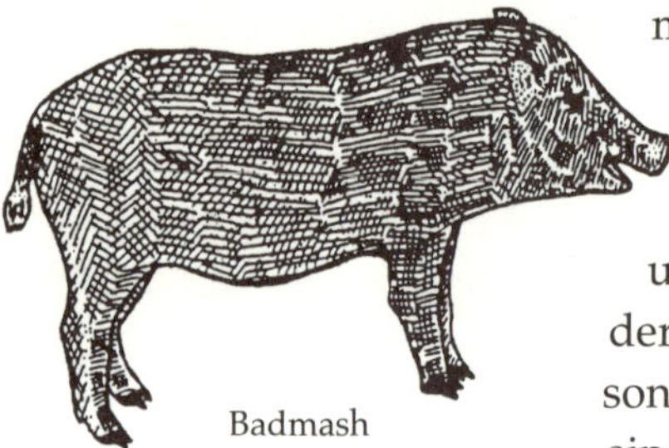

Badmash
Andaman-Wildschwein

«Nein, ich bin nicht zum Spielen aufgelegt», sagte Arif. «Ich muss nachdenken, gründlich nachdenken. Du weißt, was ich meine, du bist ein kluges Schwein. Aber nein, du bist ein Badmash. Ein Badmash!» Und während Arif herumhüpfte, spielte das Schwein verrückt, es bockte, trat rückwärts und seitwärts und quiekte laut aus purer Freude.

Ravi war beim nächsten Gehege angelangt und Arif half ihm, indem er die jungen Eulen ablenkte, damit Ravi ihre Futterkisten und Wasserschalen reinigen konnte. Ein großer Andaman-Sittich landete auf Arifs Schulter und krächzte aufgeregt in sein Ohr.

«Ja, mir passt es auch nicht. Übrigens, Ravi, ich möchte, dass du nachher mit mir fischen gehst. Nur fünfzehn Minuten.»

«Mensch, Ram, ich weiß nicht, wohin vor lauter Arbeit.»

«Ich habe genauso viel zu tun, aber das hält mich nicht von wichtigen Dingen ab … wie zum Beispiel vom Fischen. Komm schon, ich möchte mit dir reden. Im Ernst. Ich brauche deinen Rat.»

«Meinen Rat? Du tust ja doch nie, was ich dir sage.»

«Hab ich ja auch nie versprochen. Aber ich möchte wissen, was du denkst.»

Ravi streckte Arif die Zunge raus.

Eine halbe Stunde später, nachdem sie das Wichtigste erledigt hatten, waren die beiden Jungen an ihrem bevorzugten Fischplatz. Es war eine kleine Felsgruppe draußen im Meer. Bei Ebbe bildete sie eine perfekte Mole, von der aus dutzende von Kawa Machhi und bunten Riff-Fischen gefangen werden konnten.

«Also», sagte Ravi, «was ist so wichtig, dass du meinen Rat brauchst? Willst du in die Politik oder was? Willst du dich nächsten Monat um einen Regierungssitz bewerben?»

«Hör schon auf, den Mund so weit aufzureißen.»

Eine Weile waren die beiden Jungen damit beschäftigt, Angelhaken mit Ködern zu versehen, Schnüre zu entwirren, Schwimmer zu befestigen und was man sonst noch tun muss, wenn man beim Fischen Erfolg haben will.

Als beide Leinen im Wasser waren, wandte sich Arif

seinem Freund zu. «Ravi, dagegen, dass man jemandem helfen will, ist doch nichts einzuwenden, oder?»

Ravi runzelte ärgerlich und überrascht die Stirn. «Machst du Witze? Hast du mich deshalb hierher geschleppt?»

«Ich meine es ernst. Ich frage dich, weil ich nicht weiß, was ich tun soll.»

Ravi tippte mit dem Finger an die Schläfe. «Spinnst du? Was in aller Welt meinst du?»

«Ich meine grundsätzlich, Ravi. Es gibt doch Grundsätze, die fürs ganze Leben gelten, wie zum Beispiel dass man offen und ehrlich sein soll, dass man jemandem helfen soll ... selbst wenn man dadurch selbst in die Patsche geraten könnte.»

«Dann solltest du es logischerweise nicht tun.»

«Nein?»

«Nein.» Ravi begann die Rolle als Ratgeber zu genießen. «Ram, du hast auch eine Verpflichtung dir selbst gegenüber.»

«Angenommen, der, der in Not geraten ist, braucht deine Hilfe wirklich und wenn du ihm nicht hilfst ...»

«Komm schon, Ram. Wer hat dich um Hilfe gebeten? Wovon sprichst du eigentlich?»

«Nichts. Niemand. Ich wollte nur grundsätzlich wissen, wie du darüber denkst.»

«Grundsätzlich? Ich verstehe dich nicht. Entweder hast du ein Problem oder du hast keines.»

«Nein. Ich habe mich nur gefragt ... Du weißt, dass ich keine Eltern mehr habe ... oder sonst jemanden, den ich fragen könnte. Deshalb habe ich dich gefragt, das ist alles.»

«Du lieber Gott, als du mich um Rat gebeten hast,

habe ich mich so gefreut. Ich dachte, du wolltest mich nach der *Matka*-Mannschaft fragen. Ich dachte, du seist endlich zur Vernunft gekommen und wolltest mitmachen. Und jetzt schleppst du mich hierher und erzählst mir alles Mögliche über Grundsätze und Ehrlichkeit und solchen Quatsch. Wir brauchen dringend einen zusätzlichen Spieler in unserer Mannschaft.»

«Frag doch Abdul, den Sohn vom Metzger.»

«Der spielt in einer anderen Mannschaft. Wenn dir jemand einfällt, sag es mir.»

«Mach ich. Los, gehen wir. Wir sind noch lange nicht fertig.»

Ravi hatte das dumpfe Gefühl, dass er Arif nicht geholfen hatte. Er spürte, dass sein Freund enttäuscht war und dass er etwas anderes erwartet hatte. Ravi setzte zu einem letzten kleinen Vortrag an. «Du kannst sicher sein, mein Freund, dass Gott uns erschaffen hat, damit wir für uns selbst Sorge tragen, nicht damit wir uns um andere kümmern. Verstehst du? Willst du mich sonst noch was fragen? Frag nur, ich bin jederzeit bereit, dir einen Rat zu geben.»

«Ich weiß.»

Machte sich Arif lustig über ihn? Ravi zog die Brauen zusammen und musterte ihn, aber Arifs Augen blickten sanft und aufrichtig.

«Ich weiß, Ravi. Ich bin froh, dass du mit mir gekommen bist, ich brauchte jemanden zum Reden.»

Ravi richtete sich stolz auf. «Ich hoffe, dass ich dir helfen konnte.»

«Hast du.»

«Wirst du meinen Rat befolgen?»

«Nein.»

Für einen Augenblick war es ganz still. Kein Wort, keine Bewegung, keine Miene. Zwei ausdruckslose kleine Gesichter.

Dann verzog sich Ravis Gesicht zu einem Lächeln, er grinste und schließlich lachte er laut und herzlich. «Ram, du bist ein Esel. Du bist einfach unmöglich. Aber ich mag dich. Los, wir müssen gehen.»

Am Abend nahm Arif einen Fünf-Liter-Kanister, den er im Schuppen gefunden hatte, und band ihn auf dem Gepäckträger seines Rads fest. Es begann zu dämmern, die Wolken hatten ihre Farbe und ihre Form geändert. Bald würde der Monsunregen einsetzen. Arif hielt sein Rad gegen die Brust gelehnt und blickte hinaus über die Bucht, wo große Massen von grauen Wolken sich türmten und wälzten. Im Sumpfgebiet auf der anderen Seite der Straße begannen die Frösche ihr Regenkonzert zu quaken. Der Wind hatte gedreht und blies jetzt in heftigen Böen von Südwesten. Die Sittiche und die Fliegenden Hunde, die sich im Feigenbaum in der Nähe von Arifs Zimmer niedergelassen hatten, schienen rastlos, als ob sie auf den Regen warteten. Überhaupt schien die ganze Natur auf den Regen zu warten, atemlos und mit weit offenen Armen. In Kürze würde sich das trockene braune Gras in grüne Wiesen mit klaren, murmelnden Bächen verwandeln.

In Mumbai brachte der Monsunregen Müll mit sich, der in offenen Abwasserschächten verschwand, und stinkende, überflutete Straßen. Aber hier riefen die Frösche, und Wasserschlangen kamen wie durch Zauber zum Vorschein. Das Meer kochte und wirbelte Berge von grauem Schaum auf. Arif lauschte den verschiedenen Stimmen und Rhythmen der Frösche. Da war das tiefe vibrierende Brong-Brong der großen Ochsenfrösche, das hohe blecherne Plick-Plick der kleinen braunen Springfrösche. Dazwischen hörte er – fünf? sechs? – andere Stimmen; und während Arif dem Konzert der Amphibien zuhörte, verspürte er Frieden und Zuversicht. Wie er so dastand, war er überzeugt, dass es richtig gewesen war wegzulaufen. Er würde zwar immer auf der Hut sein müssen. Chachi und Chacha würden nie locker lassen. Doch hier konnte er sich verstecken. Er betrachtete sich selbst im Rückspiegel des Fahrrads. Es war eine gute Idee gewesen, die Haare wie ein Sadhu schneiden zu lassen. Auf jeden Fall sah er wie Ram aus, nicht wie Arif.

Diesel gab es beim Gemischtwarenhändler am Dorfrand. Eier hingen in Drahtnetzen, Plastikbecher und Eimer stapelten sich auf der einen Seite, ein Radio und einige Saris lagen auf den Gestellen und davor stand der freundliche Ladenbesitzer, der ihm zulächelte und ihn winkend willkommen hieß.

«Nanu, Ram! Dein Gesicht habe ich schon lange nicht mehr gesehen! Bist du dir zu gut, um zum Laden des alten Muttoo zu kommen oder was?»

«Nein, nein, Onkel, ich habe nur viel zu tun gehabt. Onkel, hast du heute Diesel? Ich brauche zwei Liter.»

«Ja, aber ich habe noch andere Neuigkeiten für dich. Dieser Lakkan von eurem Zoo war am Nachmittag hier und hat Diesel für euren neuen Generator gekauft. Also kauf nicht noch was dazu, sonst reißt dir dein Boss den Kopf ab.»

«Das geht nicht auf Rechnung, Onkel, das ist was anderes. Ich bezahle. Bar.»

«Oho? Privater Einkauf von Diesel? Hast du ein Boot gekauft oder so? Bist du vielleicht Millionär geworden? Oder Filmstar?»

Warum konnte ihm der alte Muttoo nicht einfach geben, was er haben wollte, und ihn in Ruhe lassen? Was ging es ihn an? Mussten alle Kunden erklären, weshalb sie Diesel, Eier oder Zucker kauften?

Arif trommelte mit den Fingern auf den Ladentisch, sah sich beiläufig um und hoffte, dass sich Muttoo endlich dazu aufraffen konnte, den Diesel aus dem großen Fiberglasfass im Schuppen abzufüllen. Aber der alte Mann blieb lächelnd stehen und wartete auf eine Antwort.

«Onkel, mir ist ein Missgeschick passiert, ich hab Diesel verschüttet und muss ihn ersetzen, ich ...»

«Zwei Liter vergossen?»

«Ja genau. Zwei.»

«Du hast doch niemals zwei Liter vergossen!» Er lachte herzlich. «O Ram, was für ein Kind du bist. Du hast ein paar Tropfen vergossen. Ja und? Hier, nimm einen Viertelliter, wenn du willst, das ist mehr als genug. Warum willst du dein Geld verschwenden?»

«Nein, Onkel, ich brauche zwei, im Ernst.»

Das Gesicht des Ladenbesitzers wurde misstrauisch und er rollte mit den Augen, jedes Auge in eine andere Richtung. «Was führst du im Schild? Hast du ein Boot gestohlen? Einen Jeep? Oder bist du dieselsüchtig? Manche Süchtige trinken ihn sogar, habe ich gehört. Es wurde im Fernsehen gezeigt, sagen die Leute.»

«Onkel, es ist genau so, wie ich es dir erzählt habe, aber ich kann nicht warten. Hier ist das Geld. Ich muss gehen, ich habe jede Menge zu tun.»

Widerwillig nahm Muttoo den Kanister vom Ladentisch, wo ihn Arif hingestellt hatte, und verschwand durch die Tür des Hinterzimmers. Ein paar Minuten später war er wieder da. Er rieb den Kanister mit einem schmutzigen Stofffetzen sauber und murmelte: «Aber eins sage ich dir, Junge, falls du irgendwelchen Unsinn im Kopf hast, wird dich Onkel Muttoo da drüben bei den Eiern umgekehrt aufhängen. In diesem Laden gibt es keine günstige Hilfe. Ich bin ein ehrlicher Mensch, was Gott bezeugen wird, wenn ich einst im Himmel einziehen werde. Wenn ein Junge auf den Andamanen Diesel will, braut sich ein Unglück zusammen. Das ist alles, was ich dazu sagen kann.»

Arif nahm den Kanister und ging. Noch achtzehn Liter musste er besorgen und ein zweites Mal konnte er ganz bestimmt nicht in diesen Laden gehen. Es gab nur noch einen Ort, an dem Diesel zu haben war – beim Touristenhafen, wo die Boote für Jolly Boys Island ausliefen. Es würde nicht einfach werden Twin zu helfen. Vielleicht hatte Ravi doch Recht. Kümmere dich um dich selbst, nicht um andere.

Als er auf sein Fahrrad stieg, drängten sich Touristen in Muttoos Laden, um eine Tasse Tee zu kaufen. Ein Mädchen blieb stehen und schaute Arif an, dann starrte es, schließlich zeigte es mit dem Finger auf ihn und schrie: «He! Wo hab ich dich schon mal gesehen? In der Zeitung? Warte mal.»

Doch Arif war verschwunden und seine Beine arbeiteten wie Kolben, damit er so schnell wie irgend möglich in sein Zimmer kam.

Sechstes Kapitel

Drei Tage lang vermied es Arif, den Zoo zu verlassen, und jede Minute fürchtete er, dass ein Polizist mit einem Foto auftauchen und ihn schnappen könnte. Aber das Mädchen, das ihn erkannt hatte – oder zu erkennen glaubte – hatte offenbar nichts weiter unternommen. Obwohl sie sehr davon überzeugt schien, ein Bild von ihm gesehen zu haben. Trotzdem, es war ein schlechtes Zeichen und Arif konnte keine Risiken eingehen.

Es war zum Heulen. Gerade jetzt musste das passieren, da sich alles zum Guten zu wenden schien und er sich mehr denn je zu Hause fühlte in seinem kleinen viereckigen Raum mit den beiden Fenstern, dem mit Kuhdung gepflasterten Fußboden und dem Dach aus Kokospalmenwedeln. Im Dach wohnten auch mehrere grüne Geckos, wie sie nur hier auf den Andamanen vorkamen. Sie waren ein Ersatz für Arifs Gecko in Mumbai, nur waren sie wählerischer beim Essen. Zwar schlürften sie manierlich gezuckerten Tee aus einer Untertasse. Aber sie fraßen weder Reis noch ***Papad*** oder Reste. Insekten ja, aber nur einige wenige ausgewählte Arten bitte. Ihr Fressen zu sammeln, war abends Arifs Hauptbeschäftigung.

Am vierten Morgen beschloss er, den Kanister in den Baum zu legen, um Twin zu zeigen, dass er sich um den Diesel kümmerte. Er wickelte ein geblümtes

Tuch um den Kopf, damit ihn ja niemand erkannte, radelte zum Versteck, vergewisserte sich, dass er allein war und stellte den Kanister in den Baum.

«Zwei von zwanzig. Noch ganze achtzehn. Tja, Mister Twin, vielleicht solltest du dir einen anderen Dieselagenten besorgen – oder dich damit abfinden, den Rest deines Lebens hier zu verbringen.»

Auf dem Weg zurück sah er Twin den Strand entlanggehen. Arif winkte ihm zu und deutete auf den Baum. Twins Gesicht begann zu leuchten und die Freude und die Hoffnung, die es ausstrahlte, zerstreuten Arifs Zweifel. Irgendwie würde er einen Weg finden, wie er dem kleinen Fischer helfen konnte, zu seiner Frau und seinen drei Kindern zurückzukehren.

Ein Kopf tauchte hinter dem Wellenbrecher aus Sandsäcken auf: Es war der Polizist, der sich für sein erstes Schläfchen des Tages einrichtete. Er war in Plauderlaune und winkte Arif zu sich.

«So, Ram, wie geht es dir? Sind die Krokodile zufrieden? Oder weinen sie Krokodilstränen?» Er lachte überschwänglich über seinen Witz und klopfte sich auf die Oberschenkel.

«Nein, Sir, es geht ihnen gut. Mir auch – auf und ab wie immer.»

«Ab? Armer Junge, was liegt dir denn im Magen? Erzähl mal!»

Arif hatte eine plötzliche Eingebung. Nein, sagte er zu sich selbst, tu's nicht. Aber zu seinem Schrecken waren die Worte bereits draußen. «Ich brauche dringend achtzehn Liter Diesel für – für etwas, von dem ich nichts erzählen darf, weil ich sonst in Schwierigkeiten geraten könnte – Sie wissen, Sir, wie die Behörden sind …» Bis jetzt habe ich nicht gelogen, sagte er zu sich selbst.

«Mach dir keine Sorgen, mein Junge. Ich habe auch schon in der Patsche gesessen, ob du's glaubst oder nicht. Du brauchst achtzehn Liter Diesel, sagst du? Wurde es unter deiner Aufsicht gestohlen? Also gut, du brauchst es mir nicht zu erzählen, wenn du nicht willst. Nur ruhig. Sitze ich hier oder nicht? Ist mein Name Haridas oder nicht?»

Arif blinzelte verwirrt. Er konnte den Zusammenhang zwischen dem Diesel und dem Namen des Polizisten nicht erkennen.

«Sag schon, ist mein Name Haridas oder nicht?»

«Wahrscheinlich schon, Sir, jedenfalls nennen Sie die Leute Haridas.»

«Sehr gut! Du bist ein kluger Junge!» Er schien wie verwandelt, kein bisschen schläfrig und träge, sondern lebhaft und hellwach.

«Weißt du, Ram, ich bin gern bereit dir zu helfen, aber dafür brauche ich eine kleine Anerkennung.»

Arif verstand kein Wort. Wovon redete der Mann? «Verzeihung, Sir? Ich habe Sie nicht verstanden. Eine Anerkennung wofür?»

Aus seinem Augenwinkel sah er, wie Twin wild mit den Armen fuchtelte, er wollte, dass er aufhörte, mit dem Polizisten zu reden. Sollte er das Gespräch abbrechen und verschwinden?

«Für den Diesel, du dummer Junge. Mein Bruder besitzt eine Verkaufsstelle» – mit dem Arm zeichnete er eine ungenaue Karte – «am anderen Ende des Dorfes, in der Nähe von Ross Village. Achtzehn Liter?

Kein Problem für Haridas. Aber nicht umsonst. Nein, nicht umsonst.»

«Nein, nein», stimmte ihm Arif rasch zu, langsam dämmerte es ihm.

«Also, was hast du zu bieten? Als Gegenleistung ... für ... den Diesel?»

Er meint vermutlich Geld, dachte Arif. «Sir, ich gebe ihnen alles, was ich in meinem Blumentopf habe.»

«Bist du nicht ganz dicht? Was soll ich mit Blumen? Mit Gegenleistung meine ich Geld, nicht Blumen und Erde!»

«Ich weiß, Sir. Ich bewahre mein Geld in einem Topf auf. In einem Blumentopf.»

«Ach so! Jetzt verstehe ich. Und wie viel Geld ist in dem Topf?»

«Ich weiß nicht, Sir, aber jedenfalls ein paar Scheine.»

«Scheine?»

«Scheine, Sir.»

«Aber nicht nur Ein- und Zwei-Rupien-Scheine.»

«Nein, Sir. Fünf-, Zehn- und Zwanzig-Rupien-Scheine.»

«Weißt du, Ram, ich bin nicht jemand, der aufs Geld versessen ist. Ich bin ein gottesfürchtiger Mann mit einem Gewissen und ... und wenn jemand meine Hilfe braucht und ich ihm diese Hilfe geben kann, tue ich es bereitwillig. Ich freue mich, wenn ich einem Mitmenschen helfen und mich der Liebe Gottes würdig erweisen kann.»

«Oh, vielen Dank, Sir, Sie sind sehr großzügig. Gott segnet Sie bestimmt für Ihre Hilfe. Dann kann ich das Geld in meinem Blumentopf sparen und mir das Fischernetz kaufen, das ich schon so lange wollte ...«

«Halt, halt! Warte mal, du ziehst übereilte Schlüsse. Dass ich es bereitwillig tue, heißt nicht, dass ich nichts dafür will. Du solltest vor Leuten, die älter sind als du, mehr Respekt haben und versuchen zu verstehen, was sie sagen. Soll ich etwa vor Hunger sterben?» Er rieb seinen mächtigen Bauch.

Keine Gefahr, dachte Arif.

«Also, du gehst nach Hause, zählst das Geld in deinem Blumentopf und sagst mir, wie viel es ist. Nein, schreib die Zahl in den Sand – hier, beim Busch – um drei Uhr. Dann will ich es mir überlegen. Jetzt muss ich gehen. Und du auch. Wir von der Polizei dürften uns eigentlich gar nicht mit Zivilisten unterhalten.»

«Aber wie weiß ich, dass Sie mit ... der Zahl einverstanden sind, Sir? Mit dem Betrag im Blumentopf?»

«Ich mache ein Kreuz oder ein Häkchen daneben.»

«Und dann, wenn Sie ein Häkchen gemacht haben, wann werden Sie ... alles Nötige veranlassen, Sir? Ich meine, wann bringen Sie den Diesel?»

«Morgen Abend um sechs. Aber du musst die Wache übernehmen.» Er deutete mit dem Kopf auf den Gefangenen, der elend und bekümmert auf einem Felsbrocken saß. «Zwischen vier und sechs kann ich alles Nötige veranlassen, wenn du meine Wache übernimmst.»

«Aber, Sir, wohin werden Sie den Diesel bringen? Wie Sie wissen ...»

«Ja, ich weiß. Ich werde ihn in die Höhle bei der Schlangenbucht bringen. Morgen Abend um sechs. Wie du ihn von dort wegkriegst, ist deine Sache.»

Am Nachmittag kehrte Arif zurück und ritzte mit einem Stock 547 in den Boden. Am Abend war niemand da, doch nicht nur eines, sondern zwei dicke Kreuze waren eingeritzt. Sie waren im Geschäft miteinander.

Am nächsten Tag traf Arif um vier Uhr bei der Mole ein. Twin fischte ohne großen Erfolg mit einem kleinen Wurfnetz. Der Polizist schlenderte an Arif vorbei, als ob er ihn nicht gesehen hätte, und murmelte: «Gib mir das Dieselgeld und die Belohnung.» Dann machte er kehrt und kam wieder auf Arif zu, indem er die Arme streckte und beugte, als ob er Freiübungen machte. Offenbar hatte er vor, Arif das Geld abzunehmen, als wäre es Teil seines Turnprogramms.

Gerade als er ihn kreuzte, fuhr von einer Staubwolke umgeben ein Polizeijeep vor und hielt kreischend neben ihnen.

Haridas geriet völlig aus der Fassung. Er sprang zurück, salutierte mehrmals, rief «Guten Abend! Guten Abend!» und scheuchte Arif mit einer heftigen Handbewegung weg. «Verschwinde! Was hast du hier zu suchen? Hast du nichts Besseres zu tun? Mit offenem Mund herumstehen und glotzen kannst du auch anderswo!» Er wollte seinen Vorgesetzten zeigen, wie tüchtig er war.

Arif trottete gehorsam davon und setzte sich auf einen Stein, von wo er zwar nichts sehen, jedoch alles hören konnte.

«Alles in Ordnung, Haridas?», fragte einer der Vorgesetzten.

«Alles in Ordnung, Sir. Alles im Griff.»

«Warum hast du den armen Jungen so zurechtgewiesen? Weißt du nicht, dass diese Woche im Zeichen der Höflichkeit steht? Zuerst wollten sie einen ganzen Monat, aber wir haben eine Woche durchgesetzt. Die Behörden wollen, dass das Bild der Polizei in der Öffentlichkeit verbessert wird. In einer Woche soll uns die Bevölkerung schätzen lernen!»

«Tut mir Leid, Sir, ich habe keine Mitteilung bekommen, sonst ...»

«Liest du eigentlich nie Mitteilungen an dem schwarzen Brett im Hauptquartier? Hörst du kein Radio?»

«Sir, ich werde alles wieder gutmachen mit dem Jungen, Sir, ich verspreche es, Sir, es tut mir wirklich Leid ...»

«Was macht der Gefangene?»

«Er ist unter ständiger Bewachung, Sir.»

Der Jeep fuhr los und Arif kam lachend aus seinem Versteck heraus. Haridas, der sich in seiner Ehre gekränkt fühlte, zeigte frostig auf einen Baum und bedeutete ihm, das Geld dort zu hinterlegen.

Nein, nein, das war der Dieselbaum, winkte Arif zurück, dort drüben stand der Geldbaum.

Arif schlenderte zu dem Baum hinüber, stieß mit dem Fuß Steine weg, riss ein wenig Rinde ab, schüttelte die Zweige, hielt sich an einem mächtigen Ast fest und schwang hin und her. Irgendwann zwischendurch gelang es ihm, das Geld unbemerkt in eine Astgabel zu legen – etwas weiter oben als unbedingt nötig, damit sich der Polizist im Klettern üben konnte. Dann rannte er zu seinem Stein zurück und wartete gespannt darauf, was als Nächstes geschehen würde.

Haridas schnäuzte sich die Nase, sah sich um, fuhr mit der Hand über den Kopf und rieb seinen Bauch, interessierte sich plötzlich für die Blätter des Baums, riss ein paar davon ab und studierte sie. Dann sah er sich nochmals um und vergewisserte sich, dass ihm Arif und Twin den Rücken zukehrten. Er packte das Geld, steckte es in die Tasche und schlurfte zum Fahrrad, das an ein japanisches Heiligtum aus dem Krieg gelehnt stand.

Jetzt konnte sich Arif um den Gefangenen kümmern. Twin warf immer noch geduldig das Netz aus; er hatte nicht gemerkt, dass der Polizist verschwunden war und traute sich daher nicht Arif anzusehen. Zuversichtlich wie ein echter Fischer glaubte er an sein Glück beim nächsten Wurf und dass ihm ein riesiges Fischmonstrum ins Netz gehen würde. Diese Zuversicht hielt ihn auch in anderen Dingen aufrecht: Er war davon überzeugt, dass er eines Tages zu seiner Familie in Yangon zurückkehren konnte.

Während er fischte und hoffte, kam der Gerichtstermin immer näher. Noch eine Woche. In den Teehäusern kursierte das Gerücht, dass er eingesperrt werden würde. Der neue Magistrat wolle ein Exempel statuieren und das Urteil in Myanmar veröffentlichen. Indische Gewässer würden von fremden Verbrechern geplündert, sagte er. Es war an der Zeit, ihnen eine Lektion zu erteilen. Und der kleine rotbraune Fischer würde sie lehren.

Arif sah Twin an und wusste nicht recht, was er tun sollte. Er war gleichzeitig sein Bewacher und Befreier. Sollte er es ihm erzählen? Sollte er ihm erzählen, dass er ihn im Augenblick bewachte?

Lieber nicht. Aber die gute Nachricht vom Diesel konnte er ihm schon erzählen.

«Twin – wir können reden.»

«Wo ist der Polizist?»
«Weg. Aber er kommt wieder.»
«Weg?»
«Ja, für eine Stunde.»
Twin sah ihn ungläubig an.
«Hast du den Diesel?»
«Er wird achtzehn Liter Diesel bringen.»
«Was?» Twins Augen leuchteten auf.

Arif wünschte zutiefst, er könnte sich ohne diese Sprachschwierigkeiten mit dem Fischer unterhalten.

«Ja, der Polizist bringt es, sein Bruder ...»

«Der Polizist?»

«Ist das nicht komisch?» Arif lachte beim Gedanken, dass der Polizist dem Fischer zur Flucht verhelfen würde. Doch Twin sah krank aus vor Entsetzen.

«Hast du der Polizei davon erzählt? Bist du verrückt? Sie werden mich umbringen!»

«Nein, nein, ich habe nicht gesagt, dass es für dich ist. Ich bin dein Freund, das weißt du doch.»

Arif wollte dem Fischer die Hand reichen, der Fischer sah sich jedoch ängstlich um und wollte sie nicht nehmen. Sie waren nicht mehr allein. Leute kamen herunter zum Strand, um den Sonnenuntergang, die Fischer und die Boote zu betrachten. Früher, als es auf den Andamanen noch kein Fernsehen gab, saßen die Leute stundenlang zusammen, lachten und erzählten sich Geschichten.

Es gab viele Geschichten und alle waren wahr. Auf den Andamanen überstieg die Wirklichkeit die Fantasie. Die Leute erzählten sich von den britischen Offizieren, die tausende von Einheimischen getötet, ja, ganze Völker ausgerottet hatten. Und wie die Japaner alle hellhäutigen, europäisch aussehenden Menschen und alle, die im Verdacht standen, die Briten zu unterstützen, öffentlich hingerichtet hatten.

Aber die unglaublichsten Geschichten wurden über die Jarawas erzählt. Die Jarawas waren eines der beiden Völker, das jede Berührung mit der Außenwelt ablehnte. Ihre Weigerung hatte sie überleben lassen. Die Onges und die anderen Andamanenvölker dagegen gingen an Krankheiten zu Grunde – das Einzige, was ihnen die Zivilisation geschenkt hatte.

Weil die Jarawas aus ihrem eigenen, viel wertvolleren Land vertrieben worden waren, hatte man ein Schutzgebiet für sie eingerichtet, doch inzwischen war es von Bauernhöfen und Wohngebieten umgeben. Die Bevölkerung um das Schutzgebiet herum wuchs und bald drang sie in das Schutzgebiet ein, um zu jagen und zu fischen.

Die «Zwischenfälle bei den Jarawas», wovon Shomitra auf dem Schiff ein Beispiel geliefert hatte, wurden immer häufiger.

Vor einigen Tagen hatte Arif von einem bengalischen Bauern gehört, wie sein Sohn von einem Pfeil voller Widerhaken getroffen worden war. Der Pfeil hatte seine Kinnlade durchbohrt. Er hatte jedoch überlebt und konnte davon erzählen und jedes Mal, wenn er es tat, wurde die Geschichte fantastischer. In der letzten Fassung kämpfte er unbewaffnet gegen zehn Jarawas, während er gleichzeitig den Pfeilen auswich. Solche Geschichten wurden erzählt und wiedererzählt, während die Sonne unterging und die Sandfliegen aus den Schlupflöchern hervorkrochen, um in der Dunkelheit nach Opfern zu jagen.

Ja, die Leute strömten zum Strand um zu erzählen und zuzuhören.

Arif musste ein Stück von Twin wegrücken, damit niemand Verdacht schöpfte. Ein Gerücht entstand schnell. Er würde sich irgendwo hinsetzen und warten, bis der Polizist zurückkam. Vorher wollte er aber Twin Auf Wiedersehen sagen. Er bückte sich, wie um etwas vom Boden aufzuheben, und sagte leise: «Ich gehe jetzt.»

«Diesel?»

«In deinem Boot. Heute Nacht.»

«Heute Nacht?»

«Ja. Um Mitternacht.»

«Ich gehe um zwei, drei Uhr. Wiedersehen, lieber Junge.»

«Auf Wiedersehen, Twin. Sei vorsichtig, fahr nicht zu schnell, und alles Gute.»

«Wiedersehen.»

Als sich Arif abwandte, krampfte sich sein Herz zu einem harten Klumpen zusammen. Würde Twin es nach Myanmar schaffen? Alles Mögliche konnte ihm zustoßen. Da waren Jarawas und gefährliche Riesenhaie, gewaltige Salzwasserkrokodile, die immer wie-

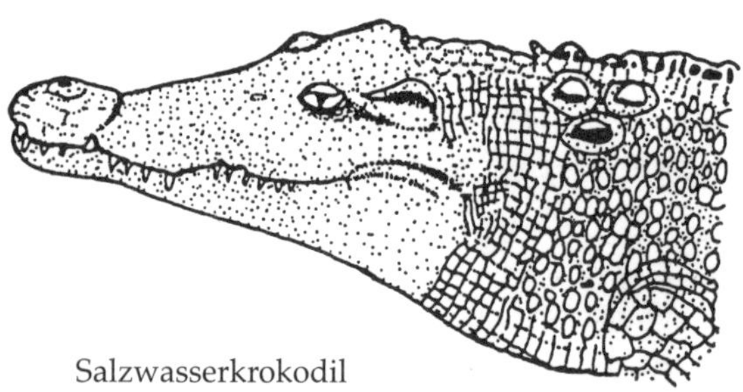

Salzwasserkrokodil

der Menschen angriffen, tückische Strömungen und jetzt, zur Zeit des Monsuns, auch unberechenbare, heftige Stürme. Wenn er nach Westen abdriftete, würden ihn die Sentinelesen erwischen, die auf einer von rauer See umgebenen Insel wohnten und wie die Jarawas jede Berührung mit der Außenwelt ablehnten. Und auf einigen Inseln gab es Krabben so groß wie Suppenteller und mit Klauen wie Schraubstöcke. Es hieß, dass sie stark genug waren, um den Schädel eines Menschen zu knacken. Die Riffe hatten messerscharfe Korallen, die den Boden eines Boots aufschlitzen konnten. Und dann war da natürlich die Küstenwache; glücklicherweise war sie nicht in der Lage, ihr Schnellboot zu starten, geschweige denn Wilderer und Schmuggler zu verfolgen.

Die lustigste Hafengeschichte, die er letzte Woche gehört hatte, handelte nämlich von einem Seegurkenschmuggler aus Myanmar, der zwei Leute von der Küstenwache retten musste, weil der Motor ihres Boots mitten in der Nacht auf offener See gestreikt hatte.

Die armen Beamten der Küstenwache mussten oft von Gesetzesbrechern gerettet werden. Diese brachten sie aufs sichere Festland und machten sich gleich wieder auf, um das Gesetz erneut zu übertreten. Die komische Wendung in dieser Geschichte, die Umkehr des Gewöhnlichen und Alltäglichen, war typisch für die Andamanen. Die Leute hatten gelernt, das Unerwartete zu erwarten, das Unvorhersehbare vorauszusehen. Was niemand für möglich gehalten hätte, geschah oft.

Arif schaute sich ein letztes Mal nach Aung Thwin um. Er wünschte, er könnte für ihn beten. Ein Gebet schien das einzig Angemessene zu sein, denn nur Gott konnte es einrichten, dass Aung Thwin in seinem schwachen kleinen Boot heil zu Hause ankam.

Der Mond ging früh auf, groß und hell wie ein goldener Fußball stand er am Himmel. Arif war draußen vor seinem Zimmer und beobachtete, wie der Mond an den zunehmend dunkleren Wolken hinein und hinaus glitt und sein Licht verschwand und wieder aufleuchtete. Ravi und seine Freunde kamen, um ihn wie üblich zu einem Matkaspiel zu überreden. Und wie jeden Abend schüttelte Arif lächelnd den Kopf. «Ich habe sowieso kein Geld.»

«Lügner! Du hast es im Blumentopf, Ram. Lass mal sehen ...» Ravi würde sein Geheimnis gleich lüften.

«Lasst mich in Ruhe», sagte Arif schnell. «Geht ihr doch, viel Spaß.» Er gähnte herzhaft und sagte, dass er sich gleich schlafen legen würde.

Sobald sie außer Sicht waren, machte sich Arif auf zur Höhle bei der Schlangenbucht, wo der Diesel versteckt war. «Das Lügen fällt mir inzwischen ganz leicht», murmelte Arif. «Wenn Twin verschwunden ist, muss ich mir das Flunkern abgewöhnen.»

Es dauerte etwa zwanzig Minuten, bis er das Dickicht und die drei kleinen Wasserläufe durchquert hatte. Als er zum letzten Flüsschen kam, hörte er, wie sich ein Krokodil ins Wasser plumpsen ließ. Auf Grund des Geräuschs schätzte er es auf etwa einen Meter Länge.

In völliger Dunkelheit gelangte er zu einer ausgeholzten Stelle im Wald. Seine Taschenlampe fing einen Kreis von leuchtenden Augen auf. 1905 hatte das britische Forstwesen auf den Andamanen den Fleckenhirsch eingeführt, um die Siedler mit Fleisch zu versorgen. Aber – typisch für die Andamanen – der Plan misslang. Weil die Hirsche keine natürlichen Feinde hatten, vermehrten sie sich wie die Kaninchen. Sie waren eine Plage, weil sie junge Pflanzen und kleine Bäume fraßen. Sie blieben auch nicht auf den Inseln, wo sie ausgesetzt worden waren, sondern schwammen von der einen zur anderen und breiteten sich überall aus. Die Bauern erlitten schwere Verluste. Um dem Ganzen die Krone aufzusetzen, kam aus Delhi ein Regierungsbeschluss, dass die Hirsche in Zukunft unter Schutz standen und nicht gejagt werden durften.

Schließlich gelangte er zur Höhle. Es war nicht die Brutzeit der Seeschlangen, sodass keine Gefahr herrschte. (Manchmal, wenn die Weibchen an Land kamen, um Eier zu legen, waren ganze Knäuel von giftigen gestreiften Seeschlangen zu sehen.) Keine Schlangen ... aber tausende von Fledermäusen flatterten aus der Höhle und quietschten wie schlecht gestimmte Geigen. Ein starker, beinahe unerträglicher Gestank erfüllte die Luft. Seine Augen gewöhnten sich an die Dunkelheit ... Tatsächlich! Der Diesel stand dort in zwei Zehn-Liter-Kanistern, die Arif gerade noch hochheben konnte. Der Griff des einen war gebrochen. Er musste den Kanister mit einem Arm festhalten und auf der Hüfte tragen. Dann hob er den zweiten Kanister hoch und stolperte aus der Höhle, bereits nach wenigen Schritten war er völlig außer Atem und rang nach Luft. So ging das nicht.

Er wusste zwar, dass es eine Abkürzung gab zu der Stelle, wo Twins Boot lag. Bis dorthin waren es jedoch auf jeden Fall drei Kilometer. Und bei diesem Tempo würde er erst im nächsten Jahrhundert eintreffen. Er setzte die Kanister ab und strich sich übers Kinn, wie sein Boss es tat. Das half: Er hatte eine Idee. Die Milch- und Wasserträger legten sich ein dickes Bambusrohr über die Schultern und befestigten ihre Kannen an beiden Enden mit biegsamen Schlingpflanzen oder Schilf. Das war die Lösung.

Er zog sein altes rostiges Taschenmesser heraus und ging umher, bis er eine Bambuspflanze gefunden hatte. Das Rohr, das gegen seine Stirn schnellte und ihn beinahe blind machte, war perfekt. Es hatte ungefähr den Durchmesser seines Handgelenks, war glatt und stark und federte genau, wie es sollte.

Es dauerte eine Weile, bis er das Rohr abgesägt hatte. In der Nähe wand sich eine Schlingpflanze um einen wilden Mangobaum. Was wollte er mehr? Sie würde ein ausgezeichnetes Seil abgeben, mit dem er für den einen Kanister einen Griff und für beide Schlingen machen konnte.

Der Weg zu Twins Boot war anstrengend und schmerzhaft. Arif spürte jeden Muskel in seinem Körper und er musste seine Last immer häufiger absetzen, um zu verschnaufen. Ein gutes Stück nach Mitternacht brach Arif durch den letzten Flecken von zähem Schilfgras in die Bucht. Twins Boot schaukelte friedlich in seinem Versteck. Mit einem tiefen Seufzer der Erleichterung hievte der Junge die Kanister ins Boot und machte sich auf den Heimweg.

Siebtes Kapitel

Es war ein wunderbares Gefühl, die Strohmatte auszubreiten, das Hemd zum Kissen zusammenzurollen und sich niederzulegen. Aber Arif konnte nicht einschlafen. Ein Käuzchen im Gurjanbaum über dem Haus fühlte sich bedroht. Sein trauriges Tuuh-it durchbrach die stille dunkle Nacht – nicht einmal, sondern immer wieder.

Arif stand auf und stolperte nach draußen, um mit ihm zu schimpfen. «Warum gehst du nicht jagen, du kleiner Schreihals?» Dann, im Mondlicht, entdeckte er, wovor sich das Käuzchen fürchtete. Es war nicht einfach ein Schreihals, denn eine ziemlich große Rattenschlange hatte sich um den Ast gewunden und das Käuzchen tanzte herum wie ein Vogelclown.

Trotz seiner Müdigkeit musste Arif lachen. Da hörte er eine andere Stimme.

«Ja, lach du nur. Ich habe Neuigkeiten für dich, über die du dich wohl kaum freuen wirst.»

«Ravi! Was machst du hier so spät? Was ist los?»

«Ich würde friedlich schlafen, Ram, wenn du nicht wärst.»

Arif witterte Gefahr. Sein Herz klopfte, als wollte es ihm aus dem Leib springen. Er brachte kein Wort heraus, aber Ravi musste nicht zum Reden ermuntert werden.

«Ram, was soll das eigentlich?»

Nach einer langen Pause sagte Arif: «Was meinst du?»

«Du weißt, was ich meine.»

«Nein.»

«Komm, spiel keine Spielchen mit mir.»

«Du drückst dich unklar aus.»

«Na schön, du kannst mir sicher helfen, das Geheimnis zu lüften. Warum hast du mir nicht erzählt, dass du von zu Hause ausgerissen bist? Sag mir die Wahrheit. Warum bist du vor deinem Onkel und deiner Tante davongelaufen? Bin ich dir nicht gut genug, Arif? Hättest du mich nicht einweihen können?»

Dann geschah etwas Merkwürdiges. Arif bekam keine Luft, er konnte nicht atmen. Vor seinem inneren Auge sah er ein Bild von sich selbst, scharf und deutlich und in allen Farben, wie er, Arif, mit Chacha zur Schule ging und wie sie stumm nebeneinander herliefen. Ihre Beziehung bestand aus Schweigen und kurzen gebrüllten Befehlen. Nein, nein danke, nie wieder.

«Ravi, ich sag dir was. Als guter Freund. Ich werde verschwinden.»

Der Tonfall und die Verzweiflung in Arifs Augen besänftigten Ravi. Er griff nach Arifs Hand und die beiden Freunde redeten und hörten einander wortlos zu. Es dauerte eine ganze Weile, bis Arif seine Stimme wieder fand.

«Ravi, wie steht es?»

«Es … es … ist nicht so schlimm. Mach dir keine Sorgen … Ram … das heißt, eigentlich könnte es nicht schlimmer sein. Sie wissen alles und morgen kommen sie her, um dich zu holen. Morgen. In den Zeitungen sind Fotos von dir. Eine riesige Belohnung ist ausgesetzt – 50 000 sagen sie. Irgendein Touristenmädchen hat dich erkannt und der Polizei davon erzählt … Aber weißt du was? Wenn sie dich finden, bringen sie dich mit dem Flugzeug zurück. Stell dir mal vor, mit dem Flugzeug!»

Während Ravi sprach, verwandelten sich Arifs Knie in Gummi. Gleich würde er umkippen. Und Luft! Er rang nach Luft, versuchte zu atmen, doch seine Lungen arbeiteten nicht. Ravi verschwamm vor seinen Augen wie eine Spiegelung auf bewegtem Wasser. Als Arif redete, klang seine Stimme erstickt und gebrochen.

«Danke, dass du mein Freund bist, Ravi.» Er wandte sich ab und ging zu seinem Zimmer.

«Ist das alles? Was … was wirst du tun?»

«Ich weiß es nicht.»

Ravi spürte, dass Arif nichts mehr zu sagen hatte, drehte sich um und ging. Dann kam er nochmals zurück und hielt ihm eine scharfe metallene Harpunenspitze hin, einer von vielen Schätzen aus seiner Hosentasche. «Die kannst du vielleicht gebrauchen.»

Arif schloss die Tür, lehnte sich gegen sie und dachte angestrengt nach. Er musste versuchen klar zu denken. Überlegen, was er tun sollte. Sollte er zu Chacha und Chachi zurückkehren und einen Verwandten ausfindig machen, der ihn haben wollte? Doch wie sollte er es anpacken? Vielleicht würde ihm die Polizei helfen, wenn er alles erzählte. Vielleicht. Möglicherweise. Unter Umständen.

Das Käuzchen hatte aufgehört zu jammern. Vermutlich war die Rattenschlange verschwunden. Arif saß auf seinem Bett und versuchte Ordnung in seine

Gedanken zu bringen. Draußen war es totenstill, einzig das Quaken eines Froschs auf der Suche nach einem Weibchen war zu hören, weit weg. Ein fernes Donnergrollen schreckte das Käuzchen wieder auf. Dann Fußtritte, ein dumpfes Geräusch, ein Aufprall und laute Klagen und Flüche. In einer anderen Sprache.

Quakender Frosch

Das ist die Polizei, dachte Arif voller Schrecken. Jetzt bin ich aufgeschmissen. Alles ist vorbei. Es war zu spät, um hinauszurennen. Der Polizist würde Alarm schlagen und seine kleine, winzig kleine Fluchtmöglichkeit wäre verschwunden.

Das einzige Versteck, das ihm einfiel, war das Bett: Unter dem Bett war schon immer eine andere, sichere Welt gewesen, in die er hineingeschlüpft war, wenn Chachi oder Chacha ihn anbrüllten oder wenn ihn die Erinnerungen an Amma und Papa erdrückten.

Er schoss pfeilschnell unter das Bett. Allerhöchste Zeit!

Er war kaum verschwunden, als zwei große, runzelige Füße das Zimmer betraten. Der Polizist ist so darauf versessen, mich zu schnappen, dass er sich nicht einmal die Zeit genommen hat, Schuhe anzuziehen. Wenn ich solche Füße hätte, dachte Arif, würde ich sogar in Schuhen schlafen.

Der Polizist gab sonderbare, schnaubende und enttäuschte Laute von sich und die Füße stampften auf dem Fußboden herum. Das Käuzchen schrie. Die großen Füße blieben vor dem Fenster stehen … und wollten nicht verschwinden. Es war nicht sonderlich bequem unter dem Bett und Arifs Beine und sein Rücken begannen einzuschlafen. Außerdem hatte er kein einziges Mal sauber gemacht, seit er hier eingezogen war. Spinnweben und Staubfusseln hingen ihm in Haaren und Augen, Sand und Schmutz rieselten auf seine Haut.

Die Füße bewegten sich wieder, hinauf und hinab, jedoch nicht mehr fordernd und bestimmt, sondern ein wenig unsicher. Nach ein paar weiteren Runden durch das Zimmer gingen sie widerwillig zur Tür. Gerade in dem Augenblick, in dem die Umrisse im Türrahmen sichtbar wurden, linste Arif unter dem Bett hervor und schielte durch den Schleier aus Spinnweben. Was er sah, ließ ihm das Herz im Leibe hüpfen.

«Twin! Du bist es!»

Der gute Fischer erschrak zu Tode. Er klappte zusammen und sank schlaff zu Boden.

«Warum konnte ich meinen Mund nicht halten?», murmelte Arif. Er hatte keine Zeit zu verlieren – er musste verschwinden, bevor die Polizei kam – und jetzt war dieser trottelige Fischer aufgetaucht und auf seiner Türschwelle ohnmächtig zusammengebrochen.

In seiner Hand hielt er ein Taschenmesser mit mehreren Klingen. Deshalb war er also hergekommen. Er war ein enormes Risiko eingegangen und hatte für Arif die Flucht aufgeschoben. Arif war gerührt. Er ging nach draußen, um vom Trog, wo er sich jeden Morgen wusch, einen Becher Wasser zu holen. Er sprenkelte Wasser auf Twins Gesicht, die freundlichen Augen blinzelten, weiteten sich, flackerten über Arifs Gesicht und erstarrten.

«Ich bin's, Twin.»

«Bist du in Ordnung, Ram?»

«Ja.»

«Ich bin gefallen. Ich habe mir den Fuß verletzt.»

Ja, natürlich. Wenn er es so sehen wollte. Die meisten Erwachsenen waren schwach im Zugeben. Aber darüber konnte er jetzt nicht nachdenken.

«Steh auf, Twin. Warum bist du noch hier? Der Diesel ist im Boot. Und du wolltest doch zwischen zwei und drei Uhr losfahren. Was ist passiert?»

«Ich ... ich ... bin eingeschlafen.»

Arif stutzte. Twin lag doch so viel daran wegzukommen. Aber er sagte bloß: «Ach so. Jetzt ist es bald Morgen.» Mit den Händen malte er ein Bild von der aufgehenden Sonne.

«Ja. Ich gehe jetzt. Nimm das.»

Er drückte Arif das Schweizer Armeemesser in die Hand. Dann tippte er verlegen die Fingerspitzen an die Schläfe und machte sich zögernd auf den Weg.

Die Nacht ist sehr dunkel, dachte Arif, als er ihm nachschaute.

Haridas, Twins Bewacher, war mit einer Flasche Rum außer Gefecht gesetzt worden. Twin ging langsam. Auf dem Weg zur Bucht, wo sein Boot versteckt lag, bemerkte er jedoch einen großen weißen Polizeiwagen. Polizisten mit Knüppeln und Stöcken stapften energisch herum, als ob sie auf jemanden warteten. Da lief er von Busch zu Busch, duckte sich immer wieder und floh wie ein Nachttier. Als er in der Bucht angelangt war, setzte er sich neben sein Boot an den Strand, ruhte sich ein wenig aus und betete.

Inzwischen hatte sich der Himmel gerötet, in wenigen Augenblicken würde die Sonne aufgehen. Twin stieg ins Boot und begann den Motor anzulassen. Beim dritten Versuch sprang er an und Twin richtete sich voller Freude auf, stellte sich in die Mitte des Boots und hob triumphierend die Arme zum Himmel.

«Ich bin auf dem Boot! Ich bin auf dem Boot!», rief er zu den Mangrovenbäumen hinüber und sie schienen ihm mit ihren wilden verwickelten Armen zuzuwinken. Doch dann wurde ihm das Herz schwer, so schwer wie nie zuvor. Von Norden her war ein krachendes Geräusch zu hören, Zweige knackten und Blätter raschelten, als ob sich jemand eilig durch das Gebüsch schlug. Die Polizei!

«Keine Angst, Twin, ich bin's, Ram!» Arif schwang sich in das Boot. «Ich komme mit.»

«Nach Myanmar?»

«Nein, nur ein kleines Stück.»

Auf dem Gesicht des Fischers breitete sich ein Lächeln aus.

«Hast du einen Plan, Ram?»

«Ja, ich habe einen Plan. Fahr los.»

Das Boot knatterte davon, zuerst auf die offene See hinaus, dann die Küste entlang. Twin, der sich so ungelenk auf dem Festland bewegte, war im Boot wie verwandelt. Seine Bewegungen waren sicher und zielstrebig und er strahlte Können und Zuversicht aus. Ein echter Seemann.

Die ersten Sonnenstrahlen trafen auf die Gischt. Das Kielwasser spritzte auf und sprühte golden wie ***Diwali***-Feuerwerk. Noch nie hatte Arif etwas so Schönes gesehen. Das schimmernde, glitzernde Meer verwob sich mit dem Himmel zu einem endlosen Band aus Licht und Farbe. Bald sah es aus, als würde unter dem Wasser ein gewaltiges Feuer wüten. Bald schien der Himmel voll Silber und ein Silberschauer rieselte herunter ins Meer. Lilafarbene, orange und rote Streifen durchzogen den Himmel und ihr Widerschein tanzte übermütig auf dem Wasser.

Wo soll ich hinschauen?, dachte Arif. Jedes Glitzern, jede Wolke, jede Welle hatte einen Zauber für sich.

Twin steuerte das Boot und Arif betrachtete, bewunderte und staunte.

Kurz nachdem sie losgefahren waren, tauchten sechs Delfine neben ihnen auf und begleiteten ihr Boot. Sie schossen dicht nebeneinander durchs Wasser, nahe beim Bug. Aung Thwin gab Gas und bremste – und auch sie schwammen schneller und langsamer. Die glänzenden braunen Körper sprangen hoch aus dem Wasser und tauchten beinahe ohne einen Spritzer ein. Ein Junges war dabei, es versuchte mitzuhalten, fiel aber schnell zurück. Da verabschiedeten sich die Delfine mit Überschlägen und Sprüngen und verließen sie. Später tauchte eine andere große Herde neben ihnen auf und begleitete sie fast eine Stunde lang. Arif lehnte sich aus dem Boot und streichelte die langen schmalen Kiefer und die höckerigen Köpfe und sie blickten ihn mit scheuer Neugier an.

Die Stunden vergingen. Die Farben des Himmels und des Meers wechselten von reinem Blau über Weiß bis Schwarz. Ein Sturm war im Anzug. Von Südwesten rollten Gewitterwolken heran, zickzackförmige Blitze zuckten, Regen trieb über den Himmel und die ersten dicken Tropfen fielen.

«Es regnet», sagte Twin unnötigerweise.

Arif spähte in die graue, nasse Ferne. «Twin, siehst du die Insel dort? Sie sieht aus wie ein Schuh. Bringst du mich dahin?»

«Hast du Freunde dort?»

«Ja ... nein.»

«Weshalb willst du dann ...»

«Eben weil keine Menschen dort leben.»

«Ram, du bist verrückt. Du kommst mit mir nach Myanmar.»

«Twin, ich habe einen Plan. Mach dir keine Sorgen.»

«Bitte.»

«Bitte, Twin.»

Twin hoffte unruhig und ängstlich, dass Arif von seinem irrwitzigen Plan abkam. Die Insel lag südlich vom Schutzgebiet der Jarawas. Die Fischerboote fuhren zwar häufig an ihr vorbei und jedes Fischerboot würde ein Kind ans Festland mitnehmen, aber der Gedanke, einen Jungen, ein Kind auf einer unbewohnten Insel auszusetzen, war unerträglich.

«Komm mit mir nach Myanmar», bat er nach einer Weile wieder. «Wir machen dir ein Garnelen-***Nappi*** und suchen dir Arbeit.»

Doch Arif hatte sich entschieden. Er wollte so lange auf der Insel bleiben, bis die Polizei ihre Fahndung eingestellt hätte. Nach dem Monsunregen würde er mit einem Fischerboot nach Wandoor zurückkehren und von dort vielleicht zu den Nikobaren fahren.

Und dann? Dann würde er weitersehen. Eins nach dem andern. Im Augenblick jedenfalls wollte er auf die Insel. Ihre Form gefiel ihm und sie sah freundlich aus. Vielleicht würde die Polizei seine Flucht mit Twin in Verbindung bringen – vielleicht auch nicht. Zwei Dinge gaben ihm Zuversicht: Zum einen waren die Schiffe auf den Andamanen in einem schlechten Zustand, besonders jene der Polizei und der Küstenwache. Die Suche würde sich bestimmt auf das Gebiet um Wandoor und auf das Festland beschränken. Zum anderen hatte der Monsunregen eingesetzt und kaum jemand war so verwegen, bei solch schwarzen, Himmel und Erde verhüllenden Wolken in See zu stechen.

Gehorsam steuerte Twin das Boot geradewegs auf Arifs Insel zu. Arif hatte sie aufs Geratewohl gewählt, und als sie näher kamen, sah die schuhförmige Insel immer noch einladend und gastlich aus, trotz des Regens. Wie andere Inseln hatte sie einen weißen Sandgürtel, der von Mangroven gesäumt war, in der Mitte einen Wald mit hohen kahlen Bäumen und grünen, üppig wuchernden Baumkronen.

Später wunderte sich Arif über seinen Mut, sich auf einer einsamen Insel aussetzen zu lassen. War es Mut oder war es Torheit? Vielleicht ein wenig von beidem. Manchmal blieb auch keine andere Wahl und an jenem Abend hatte Arif einfach so schnell wie möglich aus Wandoor verschwinden müssen. Zum Glück war Twin noch nicht abgefahren. Fast schien es, als hätte er auf ihn gewartet.

Twin nahm das Gas zurück und steuerte das Boot seitlich die Küste entlang. Inzwischen prasselte der Regen nieder wie ein Trommelfeuer und der Westen war ein einziger großer grauer Wolkenteppich. Vom Boden des Schiffs war ein dumpfes Geräusch zu hören. Korallen. Sie waren im Riff und die scharfen Spitzen der Korallen konnten den Boden des Boots aufschlitzen. Sie mussten aus dem Riff hinaus, doch der starke Regen und der Wind verhinderten eine zielgerichtete Fahrt.

In der nächsten Stunde gerieten sie an den Rand der Erschöpfung, wurden völlig durchnässt und bekamen Angst. Sie riefen sich Befehle zu, indem sie versuchten, die Geräusche des Sturms zu übertönen. Das Echo des Donners kam vielfach aus dem Wald zurück. Sie saßen fest: Das Boot ließ sich weder an die Küste noch hinaus auf offene See bewegen.

Aung Thwin hievte sich über den Rand ins hüfthohe Wasser und versuchte das Boot mit einem Seil, das um den ***Kirloskar***-Motor aufgerollt war, wegzuziehen. Der brave Fischer stolperte, fiel hin, fluchte über die scharfen Korallen, die ihm die Füße zerschnitten, und zog das Boot mit aller Kraft durch die wogenden Wellen. Als ihm Arif helfen wollte, stieß er ihn ärgerlich zurück.

Zu guter Letzt waren sie auf dem Strand. Es war ein wunderbares Gefühl, festen Boden unter den Füßen zu haben. Der Sand war weich und fein und quietschte, als sie umhergingen. Sie benutzten das Boot als Regenschutz und der Mann und der Junge setzten sich mit dem Rücken gegen eine Seitenwand und warteten. Aber der Regen wollte nicht aufhören. Er prasselte im Gegenteil stärker als zuvor.

«Sollen wir … Twin, sollen wir in den Wald gehen? Ist es dort besser? Trocken?»

Aung Thwin lachte und spuckte Regenwasser aus. «Im Wald sind Blutegel. Magst du Blutegel?» Als er Arifs verwirrtes Gesicht sah, fuhr er mit einem Finger durch den Sand und gab schreckliche Geräusche von sich – er kreischte und schrie und umklammerte mit einer Hand einen Arm und dann ein Bein.

Blutegel! Am Strand von Wandoor hatten die Leute von Blutegeln erzählt. Vierzig oder fünfzig auf einmal setzten sich auf einem Arm oder einem Bein fest und saugten Blut aus winzigen Öffnungen in der Haut. Aber er erinnerte sich auch an einen Nachsatz vom alten Yusuf, dem Schneider, der eine Blutegelgeschichte erzählt hatte: Es gab Inseln, zum Beispiel die Sandsteininsel Interview, wo es überhaupt keine Blutegel gab. Botaniker versuchten zu erforschen, was die Blutegel von der Insel abhielt. Saure Erde und spezielle Arten von Blättern und Rinde, vermuteten sie.

«Hast du Hunger?»

«Hunger? Hast du was zu essen mitgebracht?»

«Ein wenig Fisch und Reis. Es ist nicht nass. Es ist beides in einem Plastikbeutel.»

Gott segne Twin. Das bisschen Essen brachte neues Leben in Arif. Einmal mehr sah er sich hoffnungsvoll und gespannt um, genoss den Anblick des Waldes und freute sich über die geglückte Flucht. Mit einem vollen Magen nahm sich die Welt manchmal ganz anders aus!

Keiner von ihnen mochte noch lange aufrecht sitzen und reden. Völlig durchnässt schmiegten sie sich an das Boot und schliefen tief, während der Donner krachte und vom Wald widerhallte. Wer wirklich erschöpft ist, kann überall schlafen. Aufgescheuchte Vögel schrien über ihnen und ein toter Baum am Waldrand stürzte mit Getöse um. Die Flut kam herein und Wellen zischten und schäumten um sie herum.

Erst als die Sonne schon ein Viertel am Himmel

stand, öffnete Aung Thwin seine Augen, schloss sie ungläubig wieder und schoss dann hoch. Dann bückte er sich und klopfte auf Arifs Kopf, als sei er eine Tür.

«Ram, ich gehe jetzt. Und du kommst am besten mit. Das hier ist nichts für dich. Du wirst sterben.»

Noch halb im Traum richtete sich Arif auf und gähnte herzhaft.

«Ich werde schon zurechtkommen. Sei du vorsichtig, Twin.»

«Kommst du nicht mit?»

«Nein.»

«Die Haie werden dich fressen.»

«Wo denkst du hin.» Er schüttelte entschlossen den Kopf.

«Die Schlangen – die Jarawas – irgendwer wird dich erwischen.»

«Auf Wiedersehen, Twin. Du musst gehen, bevor es heiß wird.» Er fuhr sich mit der Hand über die Stirn, als ob er den Schweiß abwischte.

Der Fischer vergrub die Hände in den Hosentaschen und zog ein kleines, billiges Gasfeuerzeug hervor.

Davon habe ich die ganze Nacht geträumt, dachte Arif. Feuer. Wie konnte er ohne Feuer überleben?

«Nimm es, Ram. Du bist ein kleiner Junge, du brauchst etwas zu essen. Du fängst Fische und kochst sie.»

«Nein, du brauchst es. Du bist viele Tage unterwegs, Twin. Bitte.»

«Bitte nimm du es. Ich habe nur zwei Tage bis Myanmar.»

«Ich kann nicht.»

«Dann gehe ich nicht. Dann werde ich meine Familie nie wieder sehen und die Polizei wird mich schnappen.»

Tränen rollten über Twins Wangen und Kinn und er wischte sie weg wie ein zorniges Kind. «Dann gehe ich nicht», wiederholte er. «Du hast mir den Diesel gegeben», sagte er und deutete auf das Boot. «Du hast mir etwas Großes gegeben und willst etwas Kleines nicht annehmen?»

«Es ist klein, aber es ist wichtig.»

«Wenn du es nicht nimmst, werfe ich es ins Wasser.»

Puh. Erwachsene. «Also gut. Vielen Dank.»

Und wenn du vor Hunger stirbst auf dem Weg nach Myanmar, bin ich nicht daran schuld, du hartnäckiger kleiner Mann. Ich werde gegrillte Garnelen essen wie die Leute auf den Fotos in den Zeitschriften, und du? Algen wahrscheinlich. Ich gehe zwar jede Wette ein, dass du nicht vor Hunger sterben wirst. In Wandoor hatte Aung Thwin alle möglichen schleimigen knolligen Pflanzen aus dem seichten Riffwasser gefischt und mit großem Appetit hinuntergeschluckt.

Aung Thwin verzog lachend den Mund, zwei lange Reihen weißer Zähne wurden sichtbar, und seine Augen verengten sich zu Schlitzen und zwinkerten vor Freude.

«Jetzt hat er es doch genommen», murmelte er zufrieden, als er sein Boot bereitmachte. Er sammelte seine wenigen Sachen zusammen – einen Kochtopf, einen Plastikbecher um Wasser zu schöpfen, ein zusätzliches T-Shirt – und legte sie auf den einzigen trockenen Flecken im Boot. Arif sah ihm zu, wie er betete und sorgfältig sein Haar kämmte.

Dann stieg Twin ins Boot und hielt ihm eine Taucherbrille hin. «Ich habe zwei.»

Na schön. Diesmal würde er das Geschenk ohne großes Aufheben annehmen.

«Ich sage nicht Auf Wiedersehen. Das bringt Unglück.»

«Twin, sei vorsichtig …»

«Nein, nein, bitte nicht, das bringt Unglück.»

Der Fischer wandte Arif den Rücken zu und fuhr los. Arif fand es so unnatürlich, dass er seinem Freund nicht Auf Wiedersehen sagen konnte, dass er seinem Rücken zuwinkte. Das Boot hob und senkte sich und fuhr gegen die hereinkommende Flut an, bis es draußen am Horizont schaukelte. Für einen Augenblick war es noch als schwarzer Umriss gegen den Himmel sichtbar, dann wurde der schwarze Punkt von den Sonnenstrahlen ausgewischt und zersprang in helles, gleißendes Licht. Das war's. Aung Thwin war weg. Arif war allein.

Wo war er? Wie hieß die Insel? Es schien plötzlich sehr wichtig, dass die Insel einen Namen hatte. Er hob ein Stück zerbrochene Muschelschale auf und ritzte in den regennassen Sand: *Der Name dieser Insel ist Twin.*

«Er denkt sicher, dass es ihm Unglück bringt. Aber das ist nicht zu ändern, und überhaupt wird er nie davon erfahren», sagte Arif laut zu sich selbst. Dann sah er sich um, zog sein T-Shirt aus, reckte die Arme zum Himmel und rief so laut er konnte: «Twin, meine Insel, du bist mein Zuhause! Ich bin dein …» – wie hieß das Wort, das er in Geografie gelernt hatte? – «dein BEWOHNER!»

Seine Worte widerhallten im Wald, drei aufgescheuchte Sittiche flogen auf, flatterten wild mit den Flügeln und verschwanden.

Wahrscheinlich würde die Sonne noch drei, vier Stunden scheinen, bevor der Regen wieder einsetzte – so war das zumindest in Wandoor gewesen. Zunächst würde er den Strand erkunden. Es war nicht mehr als ein halber Kilometer rund um die Insel und er begann zu traben. Ein paar Schritte von der Stelle entfernt, wo er geschlafen hatte, war ein großes, mit Meerwasser gefülltes Felsbecken. Etwas Silbriges glänzte darin und als Arif näher kam, sah er einen mächtigen Barsch, der von der Flut angespült worden war. Er versetzte ihm einen Stich mit der Harpunenspitze und beförderte ihn hinaus auf den Sand, wo er noch ein wenig zappelte. Den Strandspaziergang ließ er bleiben. Jetzt brauchte er alle seine Kräfte, um mit dürren Zweigen aus dem Wald ein Feuer zu entfachen. Darüber legte er eine große Muschelschale und briet den Fisch darin. Der Duft nach gebratenem Fisch ließ ihn ein paar Räder schlagen, über die sich Herr Mendonca bestimmt gefreut hätte. Das saftige weiße Fleisch löste sich in schrägen Lagen von den Gräten, schade nur, dass er kein Salz hatte. Das nächste Mal! Er würde es wie Ghandi machen. Doch nicht jetzt. Er war viel zu satt um aufzustehen.

Achtes Kapitel

Auf der Insel Twin gab es nicht Zeit, wie wir sie kennen, und deshalb lässt sich nicht mit Sicherheit sagen, wie viele Tage Arif dort schon zugebracht hatte. Zwei Monate vielleicht oder sogar drei. Es spielt auch keine große Rolle, womit sich Arif zu Beginn beschäftigte. Schließlich haben wir alle schon so viele Geschichten gehört – erfundene und wahre –, wie Menschen auf einer einsamen Insel überlebten. Und wie seine Vorgänger fürchtete Arif zunächst, dass er es nicht schaffen würde. Aber bereits am Ende des zweiten Tages saß er müde und glücklich in seiner kleinen Hütte am Rand des Waldes, in dem es keine Blutegel gab. Er hatte wirklich Glück gehabt, dass die Blutegel die Insel nicht mochten. Seine Hütte aus Palmwedeln und Bambusstangen war zwar klein, aber genau so, wie sie sein sollte. Wenn es regnete, saß er im Trockenen. Auf der Seite, die dem Meer zugewandt war, hatte er eine Kochstelle eingerichtet. Daneben lag ein Haufen aus Fischknochen und Muschelschalen. Bald würde er Fische und Muscheln satt haben, im Augenblick jedoch empfand er sie immer noch als Festessen. Auf seiner Schulter saß das einzige Lebewesen, mit dem er sich unterhalten konnte: ein junger Sittich, der kurz bevor er fliegen gelernt hatte aus dem Nest gefallen war. Er kreischte und zeterte und gab seine Flugstunden bald auf. Offenbar

Andaman-Sittich

fand er es einfacher, auf seinen dünnen Streichholzbeinen um Arif herum zu wackeln.

«Du bist ein Vogel, kein Hund. Komm schon. Versuch es noch einmal.» Arif setzte ihn auf sein Handgelenk und schleuderte ihn in die Luft. Doch Totha wollte sich nichts vorschreiben lassen, fiel wie ein Stein zu Boden und schmollte mit dem Kopf zwischen den Schultern. «Na schön, dann bist du eben ein Hund, aber wenn ich eines Tages auf dich trete, bin ich nicht schuld.»

Die Wochen vergingen. Die Regenzeit war bald vorbei, die Tage wurden kühler. Arifs Uhr waren der Wald und die Stimmen der Tiere. Wenn die Sittiche kreischend und zeternd von den Bäumen aufflogen, war es Zeit aufzustehen. Selbst wenn er es gewollt hätte, wäre es unmöglich gewesen weiterzuschlafen, denn die Sittiche waren noch schlimmer als die Lautsprecher in Mumbai. Um den Mittag herum kehrten zwei Seeadler zu ihrem Nest zurück, das sich auf dem größten Baum der Insel befand, einem 30 Meter hohen Gurjan. Wenn sie zurückkehrten, war es Zeit das Feuer zu entfachen und zu kochen, was er in den Höhlen und Felsritzen, die die Flut überschwemmte, gefangen und gesammelt hatte. Die Flut war eine zuverlässige Speisekammer; er musste nur

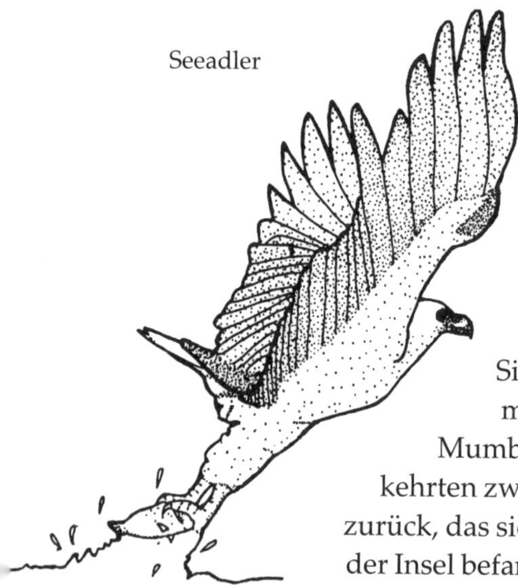

Seeadler

einfach zur Stelle sein, wenn sie auslief. Da waren immer Krabben und Krebse, manchmal auch ein Fisch oder ein Hummer. Und es gab jede Menge Austern. An den Nachmittagen löste er sie mit der längsten Klinge seines Taschenmessers von den Felsen.

Eines Nachmittags beschloss Arif, das Riff zwischen der Insel Twin und der langen schmalen Insel im Norden zu erforschen. Das große Riff schien Schätze zu bergen: Arif hatte gesehen, wie das Wasser hoch aufspritzte, und das ließ auf große Fische schließen. Er nahm seine Taucherbrille und watete im seichten Wasser, während sich Totha kreischend beschwerte.

Er wagte sich nicht weit hinaus; er war kein guter Schwimmer und ging nie weiter hinaus, als er stehen konnte. Heute war das Wasser angenehm warm. (Wenigstens in diesem Punkt hatten die Lehrer Recht: Wenn das Land abkühlte, wurde das Wasser wärmer.) Als er die Beine hinter sich ausstreckte und langsam voranschwamm, wunderte er sich einmal mehr über die Pracht und den Überfluss des Riffs. Schwärme flinker Fische schossen an ihm vorbei, allen voran jene, die er Taxifische nannte. In ihrem Tempo, ihrer Farbe und ihrer Kühnheit erinnerten sie ihn an die Taxis in Mumbai. Die kleineren Zebrafische streiften sein Gesicht. Wo er auch hinsah gab es Fische in verschiedenen Formen, Größen, Farben und jeder Fisch schwamm auf seine eigene, unverwechselbare Art. Die großen Barsche durchkreuzten nachdenklich das Wasser und öffneten und schlossen ihre Mäuler, als ob sie nach einem schweren Essen rülpsten. Einige schwammen mit offenem Mund, als ob sie reden wollten, andere wieder pressten die Lippen zusammen, als ob sie angestrengt schwiegen. Geschmeidige Fische mit langen spitzen Schnauzen und silbrig glitzernden Flossen schossen vorbei wie Schnellboote.

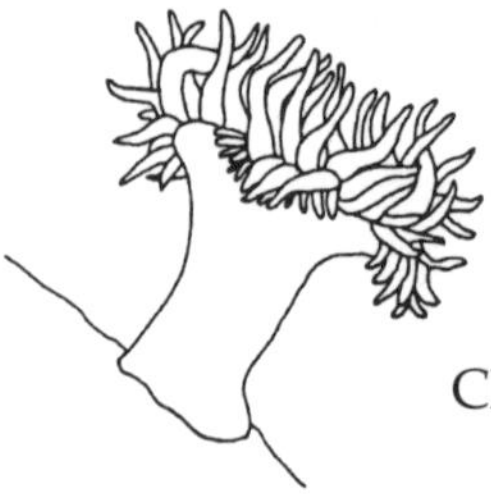
Seeanemone

Die Arme einer Seeanemone streiften sein Bein. Er schauderte. Sie wuchs auf einer großen Sternkoralle und kleine farbige Fische flitzten zwischen ihren langen Tentakeln umher. Das mussten Clownfische sein, dachte er. Er hatte sie im Abenteuerkanal gesehen. Sie lebten im Innern der Anemonen. Ein besonderer Schleim schützte sie vor den Nesselkapseln. Er fühlte sich wie in einem Unterwasser-Vergnügungspark – schöner und spannender als Disney World.

Vor sich sah er die flaumigen hohlen Korallen des Riffs selbst; sie waren von gefiederten Seesternen gesäumt – Tiere, die wie Pflanzen aussahen. Gelb, Lila und Orange – eine ganze Bandbreite von Farben und seltsamen Blumen. Einige sahen aus wie Hörner, andere waren rund und bauchig. Es gab über 90 Arten von Korallen, hatte Arif im Abenteuerkanal erfahren. Einige waren hart und felsig, andere weich.

Eine Seeschlange glitt unter eine Korallenbank. Arif streichelte sie und sie verschwand sofort. In der Schule hatten sie erzählt, dass Seeschlangen tödlich giftig seien. Ein einziger Tropfen ihres Gifts konnte 50 bis 60 Menschen umbringen, hatte Frau Gangadharan gesagt. Aber jetzt stellte er

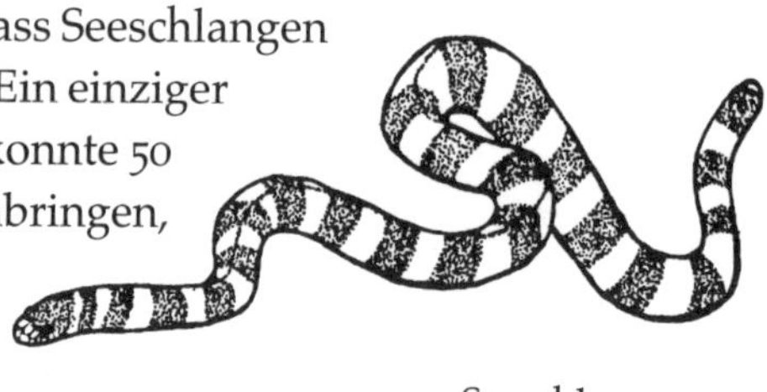
Seeschlange

fest, dass sie auch friedfertig waren. Sie waren scheu und zogen es vor, Menschen zu meiden. Ihre Köpfe waren schmal und ihre Schwänze flach wie Paddel, vermutlich damit sie blitzschnell fliehen konnten, überlegte Arif.

Er stand auf der Spitze eines Korallenbergs und machte sich so leicht er nur konnte. Die Koralle sah zwar aus wie ein Stein, doch sie war sehr zerbrechlich und schon der kleinste Stoß oder Druck konnte sie zerstören. Stolz wie ein König sah sich Arif um. Das war sein Reich. Das Meer und die kleinen Felseninseln und rechts von ihm die lange Insel. «Alles meins», sagte Arif zu sich selbst.

Ein plötzlicher Windstoß fuhr durch die Baumkronen auf Twin. Die Äste und Blätter raschelten und rauschten.

Etwa fünfzehn Meter vor ihm, immer noch im seichten Gewässer, stiegen Luftblasen an die Oberfläche. Das musste ein großer Fisch sein. Er würde ihn nicht fangen, da er ihn ja gar nicht aufessen konnte, aber ansehen wollte er ihn sich. Er rückte die Taucherbrille zurecht und glitt ins Wasser. Der Korallengarten wurde größer und prächtiger, je tiefer er tauchte. Er glitt in eine blaue Höhle hinein, die sich mindestens zehn Meter unter ihm ausdehnte. Vielleicht sollte er dorthin zurückkehren, wo er stehen konnte. Doch die Höhle sah aus wie Aladdins Schatzkammer und er wollte sie unbedingt erkunden.

Hier waren die Fische größer und farbiger und es gab zahlreiche Spielarten der merkwürdigen Wesen, die er im Abenteuerkanal gesehen hatte. Da waren Doktorfische mit skalpellförmigen Dornen auf dem

Rücken, mit denen sie Feinde aufschlitzen konnten, grellfarbene Falterfische und Papageifische mit schnabelartigen Mäulern, um Korallen zu knacken. Zwischen ihnen flitzten kleine Putzerfische herum, die andere Fische von Schädlingen befreien. Ein Aal, doppelt so groß wie Arif, wiegte sich an ihm vorbei wie fleischiges Band.

Arif ruhte sich für einen Augenblick auf der Spitze des Korallenbergs aus, indem er sich mit einer Hand an einem Korallenstück vor ihm festhielt. Er spuckte auf die Brille, rieb sie sauber und spähte wieder ins Wasser. Auf den Zehenspitzen, um das Gleichgewicht zu halten, und mit dem Kopf unter Wasser ging er langsam um einen großen Korallenfelsen herum.

Im nächsten Augenblick explodierte etwas.

Bei einer Explosion weiß man zunächst nicht, was geschehen ist. Alles gerät aus den Fugen. Die Explosion ereignete sich, als Arif mit dem Kopf unter Wasser in das tiefe Blau um ihn herum spähte. Plötzlich tauchte hinter einem Korallenvorsprung ein Schatten auf: der Schatten eines Jungen. Beide Schatten, Arif und der andere, standen dicht voreinander, zuckten zusammen, fuchtelten wild mit den Armen und Beinen vor Entsetzen und schrien laut auf. Arif blieb vor Schreck die Luft weg. Er begann unterzugehen. Der Schatten packte ihn an der Hand, zog ihn hoch zu einem Korallenstück, auf dem er stehen konnte, und dann sahen sie sich in die Augen. Und schrien. Und schrien wieder. Ihre Schreie verdoppelten und verdreifachten sich mit dem Echo des Waldes, sie hielten sich umklammert und schrien sich Angst und Schrecken aus dem Leibe.

Inzwischen war das Meer von der einlaufenden Flut angeschwollen, das Wasser reichte Arif bis zum Kinn. Die Küste schien unendlich weit entfernt. Der Junge sagte etwas zu ihm in einem sanften, beruhigenden Tonfall, umschloss Arif fest mit seinen Armen und begann zu schwimmen.

Arifs Körper entspannte sich, während der Junge mit ihm an die Küste schwamm und hinein in das Riff, das inzwischen vollkommen überflutet war. Die Angst schwand, Arif öffnete die Augen und wurde sich bewusst, dass er von einem dieser «feindseligen, unzivilisierten» Jarawas in Sicherheit gebracht wurde.

Die Haut des Jarawajungen schimmerte blauschwarz in der Sonne. Er hatte volle Lippen und gekraustes Haar und trug einen Gürtel aus Baumrinde. Er musste gegen die Strömung schwimmen, aber seine muskulösen Beine streckten sich und zogen sich zusammen, mühelos, wie bei einem Frosch. Das Wasser wurde wärmer und Arif schloss daraus, dass es seicht war. Er bedeutete dem Jarawajungen ihn abzusetzen. Der Junge ließ Arifs Füße auf den Sandboden gleiten, sprach und Arif bewegte zustimmend den Kopf. Auf Grund des Tonfalls, der Bewegungen, der geneigten Haltung des Kopfs und des besorgten Ausdrucks in seinen Augen wusste Arif sofort, was er gesagt hatte: «Bist du in Ordnung?» Gesprochene Sprache ist nur ein winziger Teil einer Sprache!

Am Horizont ging langsam die Sonne unter und die zwei Jungen, die etwa gleich groß waren, platschten an Land und ließen sich auf den Sand fallen. Sie waren so verlegen, dass sie sich nicht anzuschauen trauten. Der eine schaute über das Meer und der andere betrachtete aufmerksam den Wald. Sekunden vergingen, vielleicht sogar eine Minute, bevor sich ihre Augen trafen. Die ursprüngliche Angst stieg auf, doch dann musste Arif plötzlich lachen. Das war vielleicht eine unerwartete Begegnung gewesen!

Bald tollten und tobten die Jungen lachend im Sand. In der Hütte beschwerte sich Totha lauthals, dass er nicht mit von der Partie war, und Arif musste ihn holen. Als er zurückkam, setzte er sich im Schneidersitz in den Sand und hob den Sittich auf die Schulter seines Freundes. Der Sittich verbarg sogleich seinen Schnabel in den krausen Haaren. Arif streckte eine Hand aus zum Gruß, deutete auf sich selbst mit der anderen und sagte: «Arif.» Was für ein Gefühl, endlich brauchte er nicht mehr Ram zu sein.

«Arif», wiederholte der Junge deutlich, dann zeigte er auf sich selbst und rief stolz: «Eetha Aleho.»

Als Arif den Namen wiederholte, schüttelte der Junge missbilligend den Kopf und sie übten mehrere Male, bis Arif den Namen aussprechen konnte und der Junge zufrieden mit der Zunge schnalzte. Arifs ausgestreckte Hand nahm er jedoch nicht. Dagegen erhob er sich und beugte sich über Arifs Schoß. Seine Beine waren gekreuzt und er stützte sich nur auf seine Zehenspitzen. Er sagte etwas und wiederholte es immer wieder, dann gab er auf und bedeutete Arif mit Zeichen, dass er aufstehen solle. Jetzt saß Eetha Aleho im Schneidersitz da und wollte, dass Arif ihn auf diese Weise begrüßte. Aber die unbequeme Haltung war für Arif so ungewohnt, dass er das Gleichgewicht verlor und in Eetha Alehos Schoß stürzte. Beide mussten herzlich lachen. Eetha Aleho klatschte sich mit seiner rechten Hand auf den Po und sang: «Leho aleho! Leheto allaha!»

Die Sandflöhe begannen zu stechen. Die schmerzhaften Stiche dieser winzigen Tiere hatten auf Arifs Armen und Beinen große, juckende Striemen hinterlassen und er wehrte sie ärgerlich ab.

Eetha Aleho bedeutete ihm zu warten, trabte in den Wald davon und kehrte mit den fleischigen Blättern einer Schlingpflanze zurück. Er hielt einige zwischen dem Daumen und den Fingern, rieb und zerdrückte sie und fuhr mit der Hand über Arifs Arme und Beine. Sie rochen stark und zur Belustigung der beiden Jungen stolzierte Totha zeternd davon. Auch die Sandflöhe mochten den Geruch nicht und ließen Arif in Ruhe.

Zuerst dachte Arif, dass das tiefe dumpfe Dröhnen fernes Donnergrollen war. Allerdings klang es anders und kam nicht vom Himmel, sondern aus der Erde. Eetha Aleho sprang auf ... und sprang weiter auf und ab, während er in die zunehmend dunkler werdende Ferne spähte. Die Trommelschläge kamen jetzt aus verschiedenen Richtungen.

Eetha Aleho begann auf den Wald zuzulaufen, dann hielt er inne und zeichnete etwas neben Arif in den Sand. Es war ein riesiger astloser Baum, wie er im Regenwald wächst. Er zeigte aufgeregt auf den Stamm des Baums und hob fragend die Hände.

«Komm», sagte Arif und zusammen rannten sie in den Wald, an der Hütte vorbei und nach links auf den Baum zu, wo die Seeadler nisteten. Das war zwar ein riesiger Baum, doch gleich hinter ihm stand einer mit einem Stamm so dick wie ein kleines Haus.

Eetha Aleho stocherte im Unterholz herum, fand einen kurzen Ast, spannte ihn mit beiden Händen um seinen Fuß und brach ihn entzwei. Mit einem Stock in jeder Hand prüfte er den Klang der großen natürlichen Trommel und schlug einen Dreier-Rhythmus, der Arifs Herz fast stillstehen ließ. Eine schwache, dennoch deutliche Antwort drang über die Bucht. Vier schnelle Doppelschläge gefolgt von drei langsamen einfachen. Noch eine Frage, noch eine Antwort. Eetha Aleho warf die Äste fort und die Trommelschläge von der langen Insel hörten auf. Arif nahm an, dass Eetha Alehos Familie nach ihm Ausschau gehalten und er ihnen mitgeteilt hatte, er sei wohlauf. Er war erleichtert, dass der Jarawajunge keine Anstalten machte aufzubrechen. Er wollte seinen neuen Freund nicht verlieren. Sein früheres Leben, ganz allein, kam ihm jetzt unerträglich einsam vor.

Der Jarawajunge setzte sich an den Strand und rieb sich kräftig den Bauch. Arif rieb sich seinen als Antwort. Sie hatten beide Hunger.

«Louba?», fragte Eetha Aleho. Er machte ein summendes Geräusch und die Finger der einen Hand mimten einen Flug um die andere, die eine Blume darstellte.

«Stechen sie nicht?», gestikulierte Arif.

«Nein», gestikulierte sein Freund zurück, «es ist dunkel. Bienen sind wie wir, sie schlafen.»

Ja, Arif hatte einen Bienenstock gesehen, einen großen, nur wo? Ah, jetzt fiel es ihm ein, und bald kletterte Eetha Aleho einen riesigen Baum hinauf, so wie die Kokosmilchsammler in Mumbai. Nur gab es weder Kerben im Stamm noch ein Seil, an dem er sich festhalten konnte. Er streckte die Hand aus und griff nach einer Honigwabe. Arif beobachtete ihn und fragte sich, wie er mit der Wabe in der Hand herunterklettern konnte. Sie war größer als eine große Papaya. Doch bevor er den Gedanken zu Ende gedacht hatte, war der Junge mit der Louba bereits halbwegs unten.

Arif wollte sofort essen, Eetha Aleho jedoch fragte nach Wasser, um die Hände zu waschen. Neben der Hütte war ein hohler Baum, Arifs Zisterne. Eetha Aleho formte seine Hände zu einer Schale, tauchte sie ins Wasser und füllte seinen Mund. Dann spuckte er in einem dünnen Strahl auf die Hände und rieb sie. «Du auch», bedeutete er Arif. Arif tat es ihm zögernd nach.

Der Honig war mit jenem aus dem Glas, den Chachi in Mumbai gekauft hatte, nicht zu vergleichen. Er war dickflüssig und aromatisch und – schwer zu beschreiben. Es war, als hätte Arif noch nie zuvor etwas wirklich Süßes gekostet. Die Wabe, die sie ebenfalls aßen, fühlte sich wunderbar weich und gummiartig an – Waldkaugummi, dachte Arif und lachte seinem Freund zu.

Das glückliche Lächeln ermunterte Eetha Aletho zu einem weiteren langen Tanz, bei dem er sich auf den Po klatschte, und Arif tat es ihm nach. Mittendrin gingen sie sich nochmals die Hände waschen und legten sich dann an den Strand, um sich mit ihren vollen Bäuchen auszuruhen.

Sie blickten nach Westen, aufs offene Meer hinaus, und der sternenübersäte Himmel verdunkelte sich zu einem tiefen satten Schwarz. Arif spürte eine klebrige Stelle vom Honig am Ellbogen und stand auf, um sie im Meerwasser abzuwaschen. Er ging über den Strand, kam aber nicht weit. Ein siedend heißer Blitz fuhr durch seine Ohrmuschel und warmes Blut strömte stoßweise heraus. Als sich eine Pfeilspitze vor ihm in den Sand grub, fiel er mit einem Aufschrei hin. Ein Hagel von Pfeilen folgte, ein Pfeil streifte seinen Oberschenkel und prallte ab.

Seine Schreie schreckten Eetha Aleho auf und er jagte laut rufend über den Strand zu seinem Freund. Der Angriff hörte ebenso unvermittelt auf, wie er begonnen hatte.

Eetha Aleho kniete neben Arif und versuchte das Blut, das aus den offenen Wunden quoll, mit Spucke zu stillen. Er redete leise auf ihn ein und schrie die Angreifer wütend an. Dann rannte er zum Meer hinunter, füllte seinen Mund mit Meerwasser und richtete einen kräftigen Strahl auf die Wunden. Arif schrie auf vor Schmerzen und der Jarawajunge legte einen Finger auf seine Lippen. Schreien war nicht erlaubt. Nochmals spie Eetha Alehos Mund einen Meerwasserstrahl, nochmals durchfuhr Arif der Schmerz wie ein Blitz, doch er gab keinen Laut von sich.

Kurz darauf setzte sich Arif auf und Eetha Aleho kauerte neben ihm wie ein Rennläufer.

Aus den Augenwinkeln sah Arif ein flackerndes Licht. Die Flammen eines kleinen Strandfeuers kamen tanzend auf sie zu. (Keine Angst, bedeutete ihm Eetha Aleho, das sind meine Leute, sie tun dir nichts.) Im nächsten Augenblick hatte sich das Licht verzehnfacht. Es waren zehn Fackeln, die von zehn Jarawas gehalten wurden. Das weiche, melodische Murmeln wuchs zu einem lauten, vielstimmigen «Ah, ah, ah».

Eetha Aleho stand auf und blieb, die Hände an beiden Seiten, steif wie ein Soldat stehen. Arif tat es ihm nach und fragte sich, ob er träumte. Wenn es ein Traum war, verwandelte er sich jetzt in einen Albtraum. Und wenn es kein Traum sein sollte, war alles umso schlimmer.

Worte prasselten auf Eetha Aleho herab. Böse Worte, Anschuldigungen und Drohungen. Als sie näher kamen, zählte Arif die Jarawas und versuchte seine Angst zu unterdrücken. Sechs Männer und vier Frauen, eine davon ganz jung – ein Mädchen. Sie hielten Dhup-Fackeln in der Hand. Davon hatte er in einer Schülerzeitschrift gelesen. Harzklumpen wurden in kleine Stücke gebrochen, in Dhani-Blätter gewickelt – was immer auch das für Blätter waren – und mit Streifen von Bambusrohr um einen Stock gewickelt. Die Fackeln brannten lange, hatte der Verfasser des Artikels geschrieben, aber niemand wusste, wie die Jarawas Feuer entfachten. Diese Gedanken schossen Arif durch den Kopf, als die Fackelträger einen Halbkreis um die beiden Jungen bildeten, ein Mann und eine Frau vortraten und Eetha Aleho in einem strengen Ton Fragen stellten.

«Wamoome, Kaye!» – Vater, Mutter! –, begrüßte der Junge seine Eltern. Sie blieben reglos stehen, lächelten nicht und blickten böse. Der Mann trug lediglich einen Brustschild, ein breites Stück Baumrinde, das mit feinen, geätzten Mustern verziert und dessen Rand von Pandanus-Blättern gesäumt war. An seinem rechten Arm trug er ein Armband aus Palmblättern. Die Frauen trugen einen Gürtel um ihre Taille, von dem vorn lange Blätter herabhingen. Die meisten Männer und

Frauen hatten weiße geometrische Zeichnungen auf ihrem Körper.

Die Gedanken, die Arif durch den Kopf schossen, hielten ihn davon ab in Panik zu geraten. Eetha Aleho sprach und seine Hände zeichneten so aussagekräftige Bilder, dass Worte überflüssig waren. Arif verstand genau, wovon die Rede war.

«Ich war mit euch, ich weiß, aber dann sah ich einen ... einen großen Fisch ... und jagte ihm nach in das Korallenriff. Dort begegnete ich Arif. Es war tief und ich ... ich konnte nicht schwimmen. Er hat mein Leben gerettet. Ich wäre beinahe untergegangen. Ich war kurz davor zu sterben.» Arif fiel auf, dass Eetha Aleho immer wieder «Benchame» sagte. «Aber dieser Junge – den ihr angeschossen habt – hat mein Leben gerettet.»

Arif senkte den Blick. Seine Augen würden ihn verraten, fürchtete er. Warum log Eetha Aleho? Wenn er es sich recht überlegte, war es zwar keine richtige Lüge, er hatte bloß die Rollen vertauscht.

Die Frauen begannen um die Jungen herumzutanzen. Sie zogen ein Bein an, umfassten es mit beiden Händen und tanzten auf dem anderen Bein. «Ah, ah, ah», sangen sie.

Doch Eetha Alehos Vater war nicht beeindruckt. «Du konntest nicht schwimmen, du? Nein, tut mir Leid. Du weißt, dass du dein Leben riskiert hast. Sag schon, was war es? Was hat er dir gegeben? Essen? Komm schon, zeig es uns, zeig es uns allen.» So oder so ähnlich antwortete Eetha Alehos Vater.

«Aber, Wamoome, er hat mir nichts gegeben, sicher nicht», sagte Eetha Aleho und begann so bitterlich zu weinen, dass Arif aus lauter Mitleid auch weinte.

Das war zu viel für die Frauen. Sie schimpften mit den Männern, weil sie so grausam waren und umarmten und weinten um Eetha Aleho. Zuerst hielten sie sich von Arif fern und sahen ihn bloß misstrauisch an. Doch dann wurde das Mädchen neugierig und es strich mit der Handfläche über Arifs Haar. Es war zu einem stacheligen Bürstenschnitt gewachsen und das Mädchen fuhr zurück, als ob die steifen Borsten kratzten. Alle lachten und klatschten in die Hände. Eetha Aleho verbeugte sich mit gekreuzten Beinen. Arif wurde vom Freund des Vaters aufgefordert ihn zu begrüßen, und als er wieder umfiel, lachten sie alle schallend.

«Wo sind deine Eltern?», fragte Eetha Alehos Mutter. «Deine Mutter, Kaye, und dein Vater, Wamoome?»

«Sie sind tot.»

Zuerst dachten sie, dass Arifs Eltern schliefen. Ihre Augen blickten ängstlich. Schliefen sie etwa hier, im Wald?

«Nein, tot. Tot.» Diesmal war seine Mimik unmissverständlich.

Zwei Frauen umarmten Arif voller Mitleid und jammerten laut. «Benchame, benchame», riefen sie und Arif hatte das Gefühl, dass sich in seinem Magen ein Klumpen auflöste und aufstieg wie ein Ballon. Er bahnte sich einen Weg durch seine Brust und steckte jetzt im Hals. Und dann platzte die Trauer durch den Mund und die Augen. Zum ersten Mal – aber nicht zum letzten –, seit Amma und Papa gestorben waren, weinte Arif um sie und um das Glück und den Frieden, die ihn mit ihrem Tod verlassen hatten. Er schluchzte so sehr, dass sich seine knochige Brust wie ein Boot im Sturm hob und senkte, und seine Lippen schwollen zu doppelter Größe an. Eetha Aleho stand hinter ihm und jammerte und wimmerte und alle Frauen wehklagten. Eetha Alehos Kaye rieb ihm sanft den Rücken. Niemand hielt ihn davon ab zu weinen, und als er sich ausgeweint hatte, herrschte Stille.

Auch das Meer war ruhiger geworden. Es war Ebbe und das Wasser war glatt wie bei einem See. Die Männer und Frauen redeten. Fragen wurden gestellt und beantwortet. «Bist du sicher, dass er allein ist, dass niemand bei ihm ist?» Eetha Aleho stimmte eifrig zu. Einer der Männer stand auf, sprach in einem ärgerlichen Ton und sein Körper bebte wie ein Baum in einem Windsturm. «Setz dich», sagten die anderen, «wir wollen reden.»

Sie redeten, ohne Arif anzusehen, und doch wusste er, dass sie über ihn redeten. Sein neuer Freund wirkte angespannt und wachsam und musste sich immer wieder verteidigen. In Arifs Ohren klang es, als wenn sie sich darüber zu einigen versuchten, ob sie ihn mitnehmen sollten. Manche waren dafür, andere offensichtlich dagegen. Sie wollten nicht, dass sich Menschen von außerhalb in ihr Leben mischten. Sie wussten, was anderen Völkern auf den Andamanen zugestoßen war. Innerhalb von fünfzig Jahren war die Zahl der Ureinwohner von 4000 praktisch auf null gesunken, weil sie mit der Außenwelt in Berührung gekommen waren. Krankheiten, Alkohol und vor allem, wie der Mann auf dem Schiff erzählt hatte, die Trauer und das Elend über den Verlust ihres Landes, ihrer Kultur und ihrer Identität hatten dafür gesorgt.

Arif dachte trotzig: Der Mann dort drüben, den sie

Tinone ame nennen, hat etwas gegen mich. Er hat sogar ausgespuckt, so wenig kann er mich leiden. Nun ja, sollen sie eben gehen und Eetha Aleho auch. Ich will sowieso nicht mit. Seine Augen schweiften über die Insel. Sie gehört mir. Ich habe genug zu essen. Ich habe Totha. Meine Hütte wird von Tag zu Tag besser. Der Waldefeu, den ich gepflanzt habe, wird bald die Wände hinaufkriechen und sie mit kleinen, weißen Blüten bedecken. Ich will nicht weg von hier. Ich würde nicht einmal mitgehen, wenn sie mich darum bäten.

Eetha Aloha zwickte ihn. «He, sie fragen, ob du mit uns kommen willst?», übersetzte er mit Zeichen und Gebärden.

«Ja, natürlich. Gern! Ja, o ja!», mimte Arif eifrig zurück.

Im Wald schrie eine Eule dreimal und Totha, der immer überall dabei sein wollte, antwortete mit einem ohrenbetäubenden Schrei.

Neuntes Kapitel

An die Reise zur Jarawainsel würde sich Arif erinnern, solange er lebte. Totha saß auf seiner Schulter, unschlüssig, ob ihm gefiel, was er sah. Der Mond war aus einer grauen Wolkenbank aufgestiegen. Die Flöße der Jarawas ankerten am Strand vor der Insel Twin. Es waren vier Flöße. Eetha Aleho und Arif wurden aufgefordert zusammen mit dem Mädchen, das Tengade hieß, das kleinste zu besteigen. Eetha Alehos Wamoome wies sie an, langsam zu staken und dicht vor den anderen Flößen zu bleiben. Sein Sohn hob eine Stange vom Boden auf, rammte ein Ende in den Sand, stieß kräftig ab und begann zu staken. Es gab keine Ruder. Diese Flöße wurden nur gebraucht, um bei Ebbe die Flüsse der Insel zu befahren. Sie bestanden aus Bambusrohren, die mit Rindenstreifen aneinander gebunden waren. Die anderen folgten. Eetha Alehos Kaye war im Floß hinter ihm und fragte Arif, ob er wohlauf war. Er nickte bejahend und versuchte in Gedanken zu wiederholen, was sie gesagt hatte. Jetzt wusste er bereits, was «Bist du wohlauf?» in der Sprache der Jarawas hieß.

Fliegender Fisch

Ein Fliegender Fisch segelte durch die Luft und landete krachend auf dem Floß. Vom Schiff aus hatte Arif hunderte gesehen, aber jetzt konnte er aus der Nähe beobachten, wie sie flogen. Sie spreizten ihre Flossen aus wie Fächer und schossen damit bis zu hundert Meter über das Wasser, ohne es zu berühren.

Niemand sprach; alle schienen müde. Als sie sich der Jarawainsel näherten, erwachten zehn, zwölf puppenhafte Figuren am Strand zum Leben und begannen zu singen: «Lelo, oyela lelo leyolore leyore.» Einige klatschten in die Hände, andere tanzten den Knie-Tanz. Die Flöße wurden auf eine Art Mole gezogen, die aus einigen großen, aufeinander geschichteten Baumstümpfen bestand. Sie waren schwer genug, um das Gewicht der Flöße auch im Sturm zu tragen.

Noch nie hatte sich Arif so müde gefühlt. Sein Ohr und sein Oberschenkel brannten noch ein wenig. Es war ein langer, ereignisreicher Tag gewesen. Nachdem seine Gegenwart den anderen Jarawas erklärt, mit ihnen besprochen und begründet worden war, konnte er sich kaum mehr auf den Beinen halten.

«Schlafen», sagte Eetha Alehos Kaye zu ihm, «du musst schlafen.» Dann sagte sie etwas zu ihrem Sohn.

Eetha Aleho brachte ihn zu der Hütte, die am nächsten zum Strand lag, und in der Eetha Aleho zusammen mit ihm und zwei anderen Jungen schlafen würde. Totha war für diese Nacht von einer Frau aufgenommen worden. Die Aufmerksamkeit und Bewunderung, die ihm zuteil geworden waren, schienen dem Sittich zu Kopf gestiegen zu sein. Er stolzierte und kreischte und tat, als hätte er keine Zeit für Arif.

Tage, Wochen und sogar Monate vergingen. Dank Eetha Alehos Wamoome wurde aus Arif ein guter Schwimmer. Jeden Tag brachte er Arif neue Dinge über den Wald und die Korallenriffe bei. Arif schwamm mit

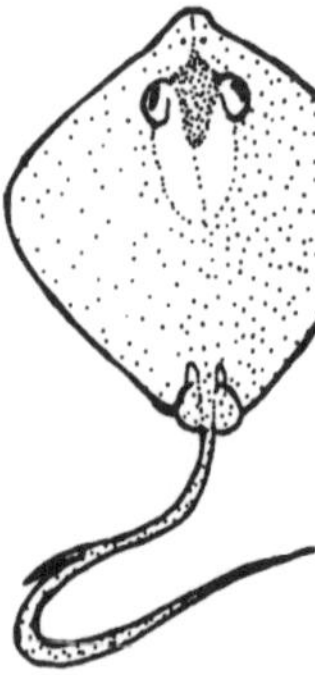

Stachelrochen

Wamoome und seinen anderen Freunden durch das Riff und erfuhr mehr, als er je im Fernsehen – sogar im Abenteuerkanal – gesehen hatte. Er beobachtete, wie riesige Stachelrochen mit ihren starken Zähnen Muscheln knackten. Die Mantas glichen den Stachelrochen, hatten aber keinen Giftstachel. Sie ernährten sich von Plankton und schwammen in der obersten Schicht des Wassers. Arif konnte sich auf sie schwingen und sich von ihnen tragen lassen, während er sich an ihren Flügeln festhielt.

Es war ein klarer Morgen, der Himmel war tiefblau und kleine weiße Wolken zeichneten sich wie Reiherfedern auf ihm ab. Die Monsunzeit war vorüber. Wenn die Sternzeichen des Schweins und des Fischs hoch am Himmel stehen, verabschiedet sich der Regen, sagten die Jarawas. Heute wollten sie mit einem Wah-Wah-Fest Arifs Ankunft feiern. Wah Wah ist das jarawanische Wort für Schwein. Nach einer langen und schwierigen Jagd hatten die älteren Männer ein großes Wildschwein gefangen. Die Wildschweine waren selten geworden, weil sie zunehmend von den Bauern um das Schutzgebiet herum gewildert wurden.

Arif half Eetha Aleho die Grube zu graben, in der das Schwein gebraten werden sollte. Er sah anders aus jetzt, hatte einen dichten, krausen Haarschopf, einen kräftigeren Körper und er war gewachsen. Arif musste das kleine Maye hüten. Maye ist das jarawanische Wort für Kind. Dieses Maye war ein Baby, Eetha Alehos Schwester. Sie lag in einer Achea, einem Beutel aus Baumrinde, deren Schlaufe um Arifs Stirn lag. Ihre Handgelenke waren mit ein wenig Baumrinde um Arifs Hals zusammengebunden. So tragen die Jarawas ihre Babys. Mit dem Beutel konnte man auf Bäume klettern, rennen, schwimmen oder was auch immer und das kleine Bündel blieb stets auf dem Rücken. Sie kreischte laut vor Vergnügen, während Arif grub, sich aufrichtete und sich vorbeugte. Es war wie auf einer Schaukel oder in einem Boot und sie genoss es.

Wamoome kam und zwickte ihn ins Ohr. «Wenn du so weitermachst, kriegen wir vor dem nächsten Mondwechsel nichts zu essen. Los, schneller. Gebrauch deine Muskeln.»

Eine Stunde später war die Grube bereit.

«Wah wah», grunzte Ongade ame und die Jungen mühten sich ab, das schwere Schwein heranzuschleppen. Dann wurde es auf die heißen Steine in der Grube gelegt und gebraten. Aber das war nicht das einzige Gericht, das angeboten wurde. Huwaned ame steuerte einen Uruga, einen Waran, bei. Und es gab Tala-Früchte und einen Berg von Amina, Wurzelgemüse aus dem Wald. Es gab auch Waikam-Früchte, die man roh essen konnte. Nach zwei Stunden waren das Fleisch und das Wurzelgemüse gar und die Leute verschwanden hinter ihren Hütten. Dort bewahrten sie in großen hölzernen Gefäßen eine graue Lehmpaste auf, mit der sie sich vor einem Wah Wah die Hände säuberten. Manche hatten lange Fischgräten in ihre Haare geflochten, um sie nach dem Festessen als Zahnstocher zu benutzen.

Das Essen wurde verteilt. Natalang Waye bekam ein riesiges Stück Schweinefleisch und besonders schöne

Früchte und Gemüse, weil sie schwanger war. Als Arif ein großes Stück gebackene Brotfrucht gereicht wurde, weiteten sich seine Augen vor Vergnügen. Alle wussten, wie sehr er die Früchte des Brotbaums mochte. Es war ein wunderbares, allerdings ganz und gar salzloses Essen. Arif hatte sich daran gewöhnt. Er fand sogar, dass Salz und Gewürze den Eigengeschmack der Speisen überdeckten. Ohne Salz machten sich alle möglichen spannenden Aromen bemerkbar.

Nach dem Festessen kam das Gespräch. Arif und Eetha Aleho streckten sich in der Nähe der Küchenabfälle aus. Es waren Berge von Muschelschalen und Überreste anderer Festessen.

Inzwischen sprach und verstand Arif mühelos Jarawanisch. Manchmal lachten sie über ihn, forderten ihn auf, ein Wort zu wiederholen, doch das kam immer seltener vor. Das Essen machte ihn schläfrig, er döste, fing da und dort ein Wort auf. Die Erwachsenen sprachen von den Geschenkbooten, die immer häufiger anlegten.

Laute Worte von Natalang schreckten ihn aus seinem Schlummer auf. «Wenn die weißen Männer wegbleiben, kann ich wenigstens wieder mit fest geschlossenen Augen schlafen. Jetzt hingegen ...»

Emen ame setzte sich auf und sagte: «Wir wissen, was in dir vorgeht, Natalang Waye. Aber denk doch mal zurück, wie anders dein Leben war, als wir alle diese Dinge von draußen noch nicht hatten.»

Plötzlich redeten alle auf einmal. «Es war zweifellos anders, Emen ame, aber vielleicht nicht besser. Es hat sich alles verändert ... alles.»

«Ihr Frauen springt nach dem ***Deksis***, sobald ihr kochen müsst. Und das ***Baltis*** macht euch nichts aus, nicht wahr, besonders wenn ihr etwas Schweres tragen müsst.» Emen ame war wütend.

«Das Leben ist viel einfacher geworden für uns.» Das war Kayes sanfte Stimme.

«Ruhig, ruhig», sagte Huwaned ame. «Alles wird einfach. Auch das Sterben. Unsere Großväter und Väter lebten in einer Zeit, in der es noch keine weißen Männer gab. Nur uns. Dann tauchten sie plötzlich überall auf und die Menschen im Wald verschwanden. Vergesst das nicht.»

Tinone ame lachte. «Aber du bist der Erste, der zum Boot hinausschwimmt, wenn eines in Sicht ist. Wie ein hungriger Delfin. Ich habe dich gesehen, Huwaned ame.»

«Ja, das werfe ich mir auch vor», sagte er ruhig.

«Ich weiß nicht, was ihr habt. Diese Menschen sind gute Menschen, sie bringen uns gute Dinge und tun uns nichts zu Leide.» Edoedo Waye dachte nie schlecht von anderen.

Huwaned ame lachte bitter und spuckte aus. «Was meinst du? Gute Menschen?»

«Ja, sie sind besser als wir. Geben wir einander Geschenke?»

«Ja, wir geben einander dauernd Geschenke. Wichtige Dinge. Nicht … nicht bloß diesen Mist.» Er zeigte auf zwei rote Plastikeimer.

Kaye sprach und bewegte sich ausdrucksvoll dazu: «Sie wollen, dass wir tanzen, und dann lachen sie über uns. Sie schauen uns an, als wären wir seltsame Wesen aus dem Meer … Hmm, beeindruckend, wie sie sich bewegen …»

Es folgte eine lange Pause. Natalangs Stimme brach das Schweigen, sie klang weich und nachdenklich. «Es ist schwierig. Manche sagen dies, andere das. Wir sind wie Enten, wenn sie gejagt werden. Jede fliegt in eine andere Richtung. So war es früher nie. Früher, als noch keine Geschenkboote kamen. Jetzt haben wir all das» – sie zeigte ebenfalls auf die Eimer –, «aber unsere Gedanken haben gebrochene Flügel. So fliegen sie.» Sie hüpfte kreischend herum wie ein verletzter Vogel.

«Wir werden unsere Verwandten besuchen. Oben im Norden. Wir werden alles miteinander besprechen», sagte Wamoome.

«Die weißen Männer sind schon zwölf Monde nicht mehr bei ihnen gewesen», brummelte jemand.

«Sie sind klüger als wir», antwortete Kaye.

Leises Gemurmel ging durch die Gruppe.

«Was ist mit den ***Maachis***? Wie können wir ohne sie kochen?»

«Wir können ein Feuer brennen lassen, wie wir es früher immer getan haben. Schließlich haben wir auch gelebt, bevor die weißen Männer kamen.»

«Ganz genau. Aber was immer wir tun, wir müssen es gemeinsam tun. Nur so sind wir stark.»

Tinone ame ergriff das Wort, wurde jedoch unterbrochen. Zwei kleine Jungen, die auf einem Baum in der Nähe sangen und spielten, riefen laut und kletterten dabei hinunter. «Das Schiff! Die weißen Männer! Schnell!»

In diesem Augenblick tutete dreimal kurz die Sirene. Alle sprangen auf – wie Kinder, wenn die Schulglocke klingelt. Und sie rannten zum Strand.

«Komm schon!», rief Eetha Aleho Arif zu.

«Nein, ich kann nicht», antwortete Arif, «sie dürfen mich nicht sehen, dann erzählen sie vielleicht anderen von mir, der Polizei, du weißt …»

Doch Eetha Aleho war schon weg.

Auf dem Strand war alles in Bewegung: Die Jarawas rannten und riefen und hüpften. Arif wollte zuschauen und versteckte sich kauernd hinter einer großen Mangrove. Das dichte Gewirr aus Luftwurzeln schützte ihn vor fremden Blicken und dennoch konnte er hindurchspähen.

Es herrschte Flut, sodass das Schiff – ein großes Motorboot mit dem Namen *M. S. Nikobar* – nahe an die Küste heranfahren konnte. Viele Jarawas schwammen hinaus und kletterten an Bord, noch während es sich dem Strand näherte. Zwei Jarawas schwangen sich hinauf auf den Mast und weigerten sich wieder herunterzukommen. Andere untersuchten das Boot und schnappten sich alles, was sie zu fassen bekamen. Tinone ame hatte die Geschenke an sich genommen. Vor der Kabinentür gab es ein kleines Handgemenge: Natalang Waye stieß einen Mann zurück, der ein Foto von ihr machen wollte. Tengade, das Mädchen, hatte sich einem Beamten auf den Schoß gesetzt. Der Beamte lachte schallend aus lauter Verlegenheit, aber Tengade sah verletzt und verunsichert aus.

Für Arif war es schwierig zuzuschauen. Die Jarawas benahmen sich wie Verrückte oder Bettler und wurden auch so behandelt. Warum nur machten sie sich so lächerlich?

Arif hielt den Atem an hinter seiner Mangrove: Zwei Männer in Anzügen und Krawatten kamen auf ihn zu, in den Händen hielten sie Zigarren und Gläser mit etwas, das wie kühles Bier aussah. Es war zu spät, um zu verschwinden; er würde sich stockstill verhalten und zum Gott der Mangroven beten. Er wagte kaum zu atmen, als er die Männer näher kommen sah – und schloss die Augen. Sie schienen kurz davor, seine Wurzelhöhle zu betreten und ihn zu verhaften. Aber sie suchten nicht ihn, sondern Schatten, und als er vorsichtig ein Auge öffnete, sah er, wie sie sich nur ein paar Schritte von ihm entfernt niederließen. So konnte er deutlich hören, was sie sagten.

«So», sagte der eine, «jetzt haben wir die Geschenk-Expedition wieder mal gut überstanden. Schau nur, wie schamlos sie sich draufstürzen! Sharmaji wird sich freuen. Letztes Jahr habe ich mir noch Sorgen gemacht. Diese Dschungelbewohner waren hoffnungslos, haben uns sogar mit Pfeilen beschossen.»

«Ja, sie sollen nicht sehr freundlich gewesen sein.»

Ach so, dachte Arif, freundlich sein heißt, diesen … Schrott annehmen und sich herumkommandieren lassen. Genau wie in der Schule. Wenn er die größeren Jungen gewähren ließ und ihnen sein Taschengeld gab, war er freundlich und nett.

Arifs Augen wandten sich der *M. S. Nikobar* zu. Wamoome trug die Sonnenbrille des Kapitäns und tanzte die Reling entlang. Der Kapitän war ängstlich und wütend und versuchte ihn dazu zu bewegen, im Austausch gegen eine Tasse Kaffee die Sonnengläser zurückzugeben. Wamoome machte plötzlich einen Satz rückwärts ins Wasser. Die Brille wurde heruntergeschleudert, landete auf dem Deck und – zerbrach.

Der Kapitän bekam einen fürchterlichen Wutanfall. «Tausend Dollar haben mich diese Gläser gekostet», schrie er, «und ihr – ihr Verrückten geht hin und zerbrecht sie. Ihr kennt nicht mal den Wert des Geldes!»

Wamoome sah betreten und läppisch aus. Ganz anders als gestern. Da hatte er Arif gezeigt, wie er die Spuren eines Uruga oder Wah Wah lesen konnte.

Arif wandte seine Aufmerksamkeit erneut den beiden Männern vor ihm zu. Sie unterhielten sich wieder.

«Die Kinder können wir nächstes Mal mitnehmen. Diesmal machen wir bloß eine Spritztour mit ihnen, wir nehmen zwei oder drei mit und bringen sie zurück. Nächstes Mal nehmen wir sie wieder mit und – weg sind sie. Im Jarawaheim in Port Blair!»

Arif drehte sich der Magen um.

«Aber hat Sharmaji daran gedacht – ist er sich bewusst, dass sich die Presse auf diese Geschichte stürzen wird wie beim Andamanheim? Die Regierung wird in schiefes Licht geraten ...»

«Schiefes Licht hin oder her – ganz im Vertrauen – er interessiert sich mehr für seine Beförderung und die bekommt er bestimmt, wenn es ihm gelingt, ein paar Jarawakinder nach Port Blair zu verfrachten. Sein Minister in Delhi will herfliegen und sich mit ihnen fotografieren lassen. Keine Sorge, die Kinder werden schon zurechtkommen. Sie können Plastikeimer und roten Stoff haben, so viel sie wollen. Sie werden die angenehmen Seiten des modernen Lebens bald zu schätzen wissen – Elektrizität, fließendes Wasser, ordentliche Kleider. Ja, und dann werden sie wie wir.»

«Ich mag deine Einstellung nicht.»

«Was meinst du, Rahul?»

Nach einer Weile sagte der Mann, der sich Rahul nannte: «Wir nehmen ihnen ihr Land und ihr Zuhause und stecken sie in Heime, wo sie – mit Verlaub – zu Grunde gehen, wie wir wissen.»

«Erstens mal, lieber Rahul, gehört ihnen das Land nicht. Es gehört dem indischen Staat.»

«Sie waren lange vor der Regierung hier.»

«Sieh mal an. Was haben wir denn hier? Einen kleinen Revolutionär? Sei du nur vorsichtig. Wenn dich jemand hört, kannst du deine Beförderung vergessen.»

Nicht schon wieder. Nicht schon wieder dieses Wort. Arif schüttelte den Kopf.

«Die kann ich ohnehin vergessen. Ich bin mit diesen staatlichen Förderungsprogrammen überhaupt nicht einverstanden und ich habe es Sharma oft genug gesagt. Wir sollten sie in Ruhe lassen. Das hier ist Mord.»

«Du kannst deine Beförderung wirklich vergessen.»

«Das macht mir nichts aus. Ich denke nie daran, deshalb fällt es mir auch nicht schwer, sie zu vergessen.»

«Mir kannst du nicht die Schuld geben, wenn du dein Leben lang Schiffsoffizier bleibst.»

«Tu ich auch nicht. Hast du übrigens nicht gehört, dass der neue Innenminister ganz anders denkt? Gegen diesen Unsinn ist?» Er zeigte auf das Boot.

Sein Gefährte drehte ihm den Kopf zu und Arif sah deutlich den Ausdruck auf seinem Gesicht. Es war vor Wut und schlechtem Gewissen verzerrt. Er erhob sich mühsam und sah Rahul von oben herab in die Augen. «Die Regierung wird an diesen Wäldern über eine Milliarde Rupien verdienen. Mehr als 700 Quadratkilometer Land können in Parzellen aufgeteilt und an Siedler verkauft werden. Findest du das nicht wichtiger als 300 Dschungelbewohner, die nicht mal lesen und schreiben können?»

«Nein, das finde ich nicht.» Rahul sprang auf und ging zielstrebig auf das Motorboot zu; sein Gefährte folgte ihm schleppend.

Arif gratulierte Rahul im Stillen und wünschte, dass er mit ihm reden könnte. Doch das war zu gefährlich. Er mochte für die Jarawas Partei ergreifen, aber wenn er ihn – Arif – aus den Zeitungen wieder erkannte, war er möglicherweise der Meinung, dass Ausreißer nach Hause gehörten.

Etwa eine Stunde später machte sich das Schiff zum Ablegen bereit. Ein weiteres Mal waren erfolgreich Geschenke verteilt worden. Die Jarawas auf den Masten wurden mit Kokosnüssen und Bananen heruntergelockt. Zwei kleine Kinder, ein Junge und ein Mädchen, wurden zu einer Spritztour eingeladen, aber ihre Freunde wollten mit, sodass schließlich fünf Kinder, darunter Eetha Aleho und Tengade, mitfuhren. Das kleine Maye auf dem Rücken ihres Bruders kreischte laut vor Vergnügen, als das Boot draußen auf offener See drei, vier Runden drehte, bevor es die Kinder zurück an Land brachte. Dann knatterte das Boot davon und alle an Bord winkten, während die Jarawas auf dem Strand tanzten.

Arif blieb lange in seinem Versteck. Er war wütend und angewidert. Wie konnten sich die Jarawas wie Bettler und Betrüger verhalten? Sogar ältere Männer wie Telode ame und Kuade ame. Edoedo hatte der Belegschaft den Wasserkrug gestohlen, Uido Waye hatte sich an den Serang geklammert, bis er ihr schließlich seinen Taschenkamm gab und Frauen auf Hindi laut verfluchte. Aber am schlimmsten waren Wamoomes Scherze mit dem Kapitän gewesen.

Und wie konnten diese Regierungsbeamten nur so gemein sein? Hatte er, Arif, diese grausamen und ekelhaften Dinge tatsächlich gehört? Was hielten sie sonst noch für seine Freunde bereit? Wenn Rahul doch bloß Recht hätte mit dem Innenminister, wenn dieser bloß eingreifen und die Jarawas retten würde.

Dann machte Verwirrung seinem Ärger Platz. Er musste Ordnung in seine Gedanken bringen. Er ging zum Strand, legte sich mit dem Gesicht in den Sand und ließ die Sonne auf seinen Rücken scheinen. In dieser Stellung konnte er gut nachdenken.

Zunächst einmal das Betteln. Was bedeutete Betteln für die Jarawas? Nichts. Sie hatten noch nie einen Bettler auf der Straße gesehen, sie hatten schon gar nicht eine Stadt gesehen. Es bedeutete ihnen nichts. Es gab nicht einmal ein Wort für «betteln» auf Jarawanisch. Wenn sie etwas brauchten, nahmen sie es. Alles gehörte allen.

«Arif! Oi Arif!», riefen Stimmen aus dem Wald.

Doch er musste noch ein wenig nachdenken. Seine grauen Zellen waren gerade erst in Schwung gekommen. Er musste über das nachdenken, was er gehört oder vielmehr mitgehört hatte. Auf dem Schiff, am Strand und in den Teegeschäften von Wandoor hatte er gehört, wie sie die Jarawas Dschungelbewohner und Diebe nannten. Sie hatten vom wertvollsten Land «Besitz ergriffen», sie waren Barbaren, sie hatten zehn, zwanzig, sechzig, hundert Bauern getötet. (Es wurden jedes Mal mehr.) Schaut nur, wie die Regierung sie unterstützt, sie bekommen Geschenke im Wert von mehreren tausend Rupien!

«Arif? Wo bist du? Komm, schau mal, was ich bekommen habe!»

Nein. Noch nicht. Er blinzelte aufs Meer hinaus und dachte weiter nach. Ja, es stimmte, dass sie von der Regierung Geschenke bekamen – aber es war ein teuflischer Plan. Arif hatte von den Onges auf Klein-Andaman im Süden gehört. Es war noch nicht allzu lange her, dass sie wie die Jarawas gelebt hatten – sie hatten gejagt und gefischt und Wurzeln und Knollen gesammelt. Sie waren gesund und zufrieden. Dann begann die Regierung, ihnen Geschenke zu bringen – Reis und Linsen und Zucker, damit sie zivilisiert würden. Sie begannen Kleider zu tragen, nahmen moderne Heilmittel ein und – starben. Sie hatten überhaupt keine Abwehrstoffe gegen Keime außerhalb der Insel und starben wie die Fliegen.

«Arif!»

«Ja! Ich komme!» Arif stand auf, aber er dachte weiter nach. Im Abenteuerkanal hatte er einen Film über ein Indianervolk in Brasilien gesehen. Das ganze Volk war innerhalb von drei Jahren zu Grunde gegangen, die meisten von ihnen waren an einer gewöhnlichen Erkältung gestorben.

Eetha Aleho und Ulido, der mit ihnen die Hütte teilte, schlenderten heran und schimpften mit Arif, weil er nicht mit auf das Boot kommen wollte. «Warum bist du nicht mitgekommen? Es war aufregend, spannend!»

«Ich habe es euch erzählt. Ich muss vorsichtig sein. Sonst bringen sie mich von hier weg.»

«Aber, Kind, wenn sie dich mitnehmen wollen, sagst du höflich: ‹Nein danke, ich möchte bleiben›», sagte Eetha Alehos Kaye, die eben zu ihnen stieß.

«Das geht nicht. Ich bin noch nicht achtzehn.»

«Was heißt das – noch nicht achtzehn?»

«Mein Alter. Monde. Ich bin noch jung, ein Kind. Deshalb kann ich nicht selbst entscheiden.»

«Nicht entscheiden? Was meinst du? Du erzählst ihnen einfach, dass es hier genügend zu essen gibt und dass du hier bleibst, und dann gehen sie weg.»

«Nein.»

«Nein?» Kaye sah verdutzt aus.

«Es stimmt. Sie würden mich mitnehmen.»

Sie lachten alle herzlich und Eetha Aleho sagte: «Mitnehmen! Du bist doch kein Fisch oder eine Tala-Frucht, die sie mitnehmen können! Würden sie dich in ein Netz packen oder was?»

«Ihr versteht es nicht», antwortete Arif.

«Aber du musst es uns erklären, mein Kind. Du bist böse und besorgt. Erzähl uns davon!» Kaye zupfte ihn liebevoll am Haar.

«Ja, ich habe die ganze Zeit Angst, dass sie mich finden.»

«Und glaubst du, du kleiner Dummkopf, dass wir hier stehen würden wie Holzpflöcke, wenn sie dir etwas antun wollten? Haben wir nicht Pfeile? Haben wir nicht Bogen? Denkst du, dass wir beim letzten Mondwechsel einfach zum Spaß Aonotohe und Wah Wah gefeiert haben? Du bist einer von uns. Wenn irgendjemand herkommt, um dich ‹mitzunehmen›, ist Ongades schärfster Palmenpfeil zum Abschuss bereit.»

«Vielleicht bringen sie Gewehre mit.»

«Lass sie nur kommen. Wir werden oben in den Bäumen sitzen, wo sie uns nicht sehen können. Was können ihre Waffen schon ausrichten, wenn sie uns nicht sehen? Ich werde mit jeder Faser meines Körpers für dich kämpfen, bis ich mit Wunden übersät bin. Lass sie nur kommen.» Und Kayes Augen brannten vor stolzem Trotz.

Zehntes Kapitel

Am nächsten Morgen wurde Arif von Totha aufgeweckt. Totha war noch immer ein wandelnder Sittich. Er folgte jemandem vorzugsweise dicht auf den Fersen und die Jarawas hatten sich daran gewöhnt sich umzusehen, damit sie nicht auf ihn traten. Ein-, zweimal war es zu kleinen Zwischenfällen und wütendem Gekreische gekommen. «Passt auf Totha auf!», hatte man darauf die ganze Zeit in der Siedlung gehört.

«Was hast du bloß für ein Vogelhirn», murmelte Arif an diesem Morgen. «Ich habe genug Sorgen. Dich kann ich dabei nicht auch noch gebrauchen. Lass mich schlafen.» Aber er wusste, dass es sinnlos war. Totha würde weiter an seinem Ohr picken, immer unsanfter, bis er schließlich einen Spaziergang rund um die Hütten machen durfte.

Arif stand auf. «Siehst du den Pfeilbogen dort drüben? Eines Tages – ach was. Benimm dich einfach.»

Totha reckte den Hals und blickte ihn mit runden, schwarzen Augen aufmerksam an.

Sobald die Sonne hoch über dem großen Talabaum stand, würden sich alle versammeln. Arif hatte darum gebeten; er war zum Schluss gekommen, dass er von dem Gespräch zwischen Rahul und dem anderen Mann berichten musste. Gestern Nacht war nicht der richtige Zeitpunkt gewesen. Im Umgang mit den Erwachsenen – sowohl mit den Jarawas als auch mit den

Weißen – hatte er eines gelernt: Der richtige Zeitpunkt war entscheidend. Und wenn man noch so Recht hatte, der Zeitpunkt musste stimmen. Als sie einander die Geschenke zeigten und sich über die Größe des roten Stoffstücks freuten – das wäre ein ganz falscher Zeitpunkt gewesen. Trotzdem durfte er keine Zeit verlieren.

Kaye kam aus ihrer Hütte und stocherte mit einer Fischgräte zwischen ihren blendend weißen Zähnen. Rote Stoffstreifen und Blätter hingen abwechselnd von ihrem Gürtel.

«Du siehst gut aus, Kaye!», begrüßte Arif sie.

Sie lachte vor Vergnügen und wurde dann ernst. «Gestern kam mir die große Waikamfrucht in den Sinn, die wir abschneiden müssen. Ich dachte, Eetha Aleho und du könntet das heute erledigen.»

«Ja, natürlich.»

«Das ist nicht, was ich meine. Ich meine, dass ich immer an euch beide zusammen denke. Ich habe mich auch gefreut, dass du mich eben Kaye genannt hast.»

«Hab ich das? Hast du dich gefreut?»

«Ja, und das ist gut so.» Sie streckte sich, um ihn zu umarmen, und Arif bückte sich; er war inzwischen über einen Kopf größer als der größte Jarawa. «Aber denk dran, das hat auch seine Schattenseiten. Wenn du dich danebenbenimmst, bohren meine Augen Löcher in dich, genau wie bei Eetha Aleho.»

«Ich werde daran denken, Kaye.»

«Und das ist meine endgültig letzte Mutter, hoffe ich. Genug ist genug», murmelte Arif vor sich hin. «Hier werde ich bleiben.»

Er kauerte sich auf seine Fersen und beobachtete,

wie die Menschen aus ihren Hütten herauskamen und ihren morgendlichen Beschäftigungen nachgingen. Sie zogen ihr Aonotohe, ihr Oetahe und ihre Muschelketten an. Sie begrüßten einander und erzählten von ihren Träumen. Alle lächelten Arif zu oder sagten irgendetwas zu ihm. Hier bin ich zu Hause, dachte Arif. Hier gehöre ich hin.

Eine Stunde später leuchtete die Sonne hell über dem großen Talabaum und die Menschen saßen im Kreis um die Kochstelle. Totha war in die Hütte der drei Jungen verbannt worden und eingeschlafen.

«Ich muss euch etwas mitteilen», begann Arif.

«Er hat uns etwas mitzuteilen», murmelten einige. Das Maye kroch auf Arif zu und gluckste. Kaye spürte, dass Arif nicht zum Spielen aufgelegt war und trug es weg. Schweigen senkte sich über die Gruppe. Arif hatte seine Rede vorbereitet und begann ohne zu zögern.

«Gestern, als das Boot kam, versteckte ich mich in den Mangroven, um zu beobachten, was geschehen würde. Niemand durfte mich sehen. Wie ihr wisst, bin ich von zu Hause weggelaufen. Dort, wo ich herkomme, gibt es Menschen, die mich fangen und zurückbringen wollen. Mein Onkel würde alles tun, um mich zurückzuholen. Alles.»

«Er liebt dich über alles, dein Onkel.» Das war natürlich Edoedo.

«Nein, er liebt mich überhaupt nicht. Er will Geld. Geld ist …» Puh, das war schwierig. «Für Geld tun weiße Menschen alles.»

«Schmeckt es so gut?», fragte Eetha Aleho.

«Nein – es – doch, es schmeckt gut.» Das war genau

genug. Wie sonst sollte er Menschen den Begriff Geldgier erklären, die die Macht des Geldes noch nie erfahren hatten? Menschen, die in ihrer Sprache nicht einmal ein Wort für Geld hatten?

«Hast du es bei dir? Dieses Geld, das dein Onkel will?», fragte Kaye.

«Nein. Nein, das habe ich nicht.»

Wamoome legte los. «Wenn sie herkommen, um dich mitzunehmen, sagst du es ihnen einfach. Du sagst es ihnen in deiner Sprache und sie werden es verstehen.»

O Mann. Wie sollte er ihnen eine Bank erklären und dass er mit 18 Jahren vermutlich einer der reichsten Menschen in Bombay sein würde?

«Irgendwie habe ich es schon.»

«Wo ist es? Wir haben dein Geld nicht gesehen, wir haben nichts gesehen, was wir nicht vorher gekannt haben.»

«Ich kann es dir nicht genauer erklären, Wamoome. Aber wenn sie mich mitnehmen, werden sie das Geld bekommen. Deshalb haben sie vermutlich anderen Menschen Geld gegeben, damit sie mich fangen und zurückbringen.»

«Aber wenn sie dieses Geld nicht haben, wie können sie es dann den Menschen geben, die dich fangen sollen?»

Puh, in was hatte er sich bloß verstrickt! Warum nur hatte er ... «Ist ja gleich. Sie versuchen mich zu fangen, das ist alles.»

Eme ame und Ongade ame warfen sich Blicke zu.

«Der Junge träumt. Wir werden ihm heute Abend den Saft von Tala-Früchten zu trinken geben. Vor dem

Schlafengehen. Das vertreibt für mindestens drei oder vier Nächte die Träume. Das ist eine gute Medizin.»

«Es hat keinen Sinn, was er sagt. Zuerst sagt er, dass er dieses Ding, dieses Geld, nicht hat, dann sagt er, dass sie ihn fangen wollen, um es ihm wegzunehmen!»

Sie schnalzten mitleidig mit den Zungen. «Der Junge ist durcheinander, nicht bei sich», stellte Tinone ame laut fest.

«Aber was ich eigentlich sagen wollte» – warum hatte er nur die Rede darauf gebracht? –, «was ich eigentlich sagen wollte, ist Folgendes: Ich glaube nicht, dass sie jetzt noch nach mir suchen. Sie glauben, dass ich mit Twin nach Myanmar gefahren bin.»

Da wurde er von allen Seiten mit Fragen überschüttet.

«Denkt nicht daran. Das ist nicht das Wichtigste an meiner Geschichte. Ich hätte gar nicht davon anfangen sollen. Das Wichtigste betrifft euch ... ich meine, uns.»

Während er sprach, merkte er, dass er die Aufmerksamkeit seiner Zuhörer verloren hatte. Ihre Gesichter schienen zu sagen: «Ja, wir hören dir zu, aber dir glauben ist etwas anderes.» Seine Stimme klang auch anders; es war, als ob er selbst nicht an das glaubte, was er sagte. Es war so schwierig, von etwas zu reden, von dem sie keine Ahnung hatten. Er holte nochmals tief Luft.

«Als ich mich in dem Mangrovenbaum versteckte, kamen zwei weiße Männer vom Boot und setzten sich vor mich hin. Sie unterhielten sich. Ich konnte jedes Wort verstehen.»

«Sprachen sie mit dir oder miteinander?»

«Miteinander.»

«Wussten sie, dass du da warst? Dass du ihnen zuhörtest? Es ziemt sich nicht, dass …» Ongade ame war immer so pingelig.

«Ich weiß, aber dort, wo ich herkomme, tut man das manchmal. Ich meine, wenn …»

Wamoome kam ihm zu Hilfe. «Lasst den Jungen reden, lasst uns hören, was er zu sagen hat.»

«Sie sagten, dass sie … Sie wollen alle Jarawas wegbringen, aus den Wäldern vertreiben, auch die anderen Völker, aber zuerst euch … uns.» Er hielt inne und wandte den Blick von den ungläubigen, belustigten Gesichtern seiner Freunde ab. Einzig Eetha Aleho hörte ihm treu zu, sein Gesicht blickte finster und hin und wieder wies er den Jungen neben sich zurecht, still zu sein und aufzupassen.

«Sie sagten, dass sie das nächste Mal mit einigen Jarawakindern einen Ausflug machen wollen, genau wie gestern. Aber dann werden sie sie nicht zurückbringen.»

«Wer wird sie dann zurückbringen?», fragte Uido waye.

«Niemand. Sie werden sie woanders hinbringen. Danach werden sie alle weiteren Monde dort schlafen.»

«Dann mögen sie unsere Kinder.»

Ja, sie mögen sie so sehr, dass sie sie sogar entführen, warum könnt ihr das nicht verstehen?

«Sie werden ihnen Geschenke geben, alles, was sie wollen», sagte Arif.

«Auch Feuer?» Dafür war Tahe waye besonders empfänglich.

«Auch Feuer. In Hülle und Fülle.»

«Dann sind sie gut zu uns.»

«Nein, sind sie nicht!», schrie Arif.

Seine Worte hallten im Wald wider. Ein Fasanenmännchen flog verwundert auf – husch, husch. Seine Freunde sahen ihn erschrocken und besorgt an.

«Es tut mir Leid. Ich wollte nicht schreien. Ich wollte nicht unhöflich sein. Bitte versucht zu verstehen. Diese Menschen sind nicht wie ihr. Sie tun Gutes, damit sie euch von hier wegbringen können, seht ihr das nicht ein? Sie wollen den Wald, die Bäume. Das Holz der Bäume bringt Geld. Geld.»

«Meinst du, dass in den Stämmen Geld ist?» Kayes Augen weiteten sich.

«In einem bestimmten Sinn schon. Aber ihr – wir – können es nicht sehen.»

«Es ist verzaubert.»

«Ja – so ähnlich», murmelte Arif und zuckte mit den Schultern. «Aus diesem Grund geben sie euch Geschenke, damit sie euch dann euer Land wegnehmen können. Sie werden euch alle an einen anderen Ort bringen und ihr werdet sterben. Sterben! Versteht ihr? Ihr habt von der Zeit erzählt, als es nur wenige weiße Menschen und viele Jarawas gab. Was ist mit ihnen geschehen?»

Eine Zeit lang war es ganz still.

Dann sprach die alte Tahe waye: «Du glaubst also, dass sie böse sind. Doch wenn sie herkommen, können wir sie fragen, Arif. Du kannst ihre Sprache sprechen und sie fragen. Dann erfahren wir, was sie vorhaben. Dann wissen wir, was dahintersteckt.»

«Sie werden es dir nicht erzählen, Tahe waye. Dort,

wo die weißen Menschen herkommen, erzählen sie nicht immer, was sich wirklich zugetragen hat, manchmal erzählen sie etwas anderes.»

«Dann hören wir uns beide Geschichten an und fragen, welche die wahre Geschichte ist.»

«Das wirst du nicht erfahren. Hör zu, Tahe waye. Weißt du noch, als wir die Schlange dort bei dem Busch sahen – wie sie sich zusammenkrümmte, damit wir dachten, sie sei tot?»

«Ja, ich erinnere mich.»

«So sind die weißen Menschen manchmal. Sie machen dir etwas vor, sie erzählen Dinge, die nicht wahr sind. Es ist ganz wichtig, dass wir das nächste Mal nicht zum Boot gehen, dass wir wegbleiben. Wir müssen uns wie die Jarawas im Norden verhalten. Sie spüren die Gefahr, sie nehmen die Geschenke nicht an, weil sie wissen, dass sie sterben werden, wenn sie sich mit den weißen Menschen anfreunden.»

Wieder war es eine Weile ganz still. Dann erhob sich leises Gemurmel.

«Der Junge sagt, dass wir nicht zu den Geschenkbooten gehen sollen.»

«Was? Kein Reis? Keine Streichhölzer?»

«Wir könnten wie früher Feuer machen.»

«Warum nicht? Unser Feuer ist das beste Feuer.»

«Der Junge hat Recht. Viele von uns sind am Ende gestorben.»

«Der Junge hat keine Ahnung. Er hat schlecht geträumt.»

«Ich kann es einfach nicht glauben. Weshalb sollten sie uns Geschenke geben, wenn sie schlechte Menschen sind?»

«O Gott des Himmels und der Wolken, das nächste Mal wäre ich mit dem roten Stoff dran gewesen!»

«Ich brauche auch roten Stoff, ich habe letztes Mal nur ganz wenig bekommen.»

«Und jetzt schenken sie uns größere Stücke, so groß, dass man …»

Ongade ame sprach so ruhig und leise, dass sie ihn kaum verstehen konnten. «Wenn das die Folge des roten Stoffs ist, sollten wir ihn nicht mehr annehmen. Er bringt Böses mit sich. Er hat schon Streit gebracht.»

«O Ongade ame, es tut mir Leid. Ich hätte das nicht sagen sollen. Es war ein Fehler.»

«Ob du es aussprichst oder nicht, ist nicht wichtig. Es war dein Herz. Das ist wichtig. Und jetzt lasst uns hören, was der Junge zu sagen hat.»

«Ich habe gesagt, was es zu sagen gibt. Ich habe euch erzählt, was ich gehört habe und was sie vorhaben. Jetzt müsst ihr entscheiden.»

«Ich bin froh, dass du gesprochen hast», sagte Huwaned ame. «Wir sind in Gefahr.»

Ongade ame, Huwaned ame und noch ein paar waren sich der Gefahr bewusst. Aber alle anderen? Sie konnten nicht glauben, dass ihnen die Menschen, die ihnen Geschenke brachten, etwas antun wollten. Sie standen nicht auf, diese Erwachsenen, sie blieben sitzen, still und stumm, mit ernsten Augen und abweisendem Ausdruck.

Was habe ich getan?, dachte Arif. Die Geschenke bedeuten ihnen so viel. Habe ich mich vielleicht getäuscht? Habe ich alles ganz falsch verstanden? Doch der Mann gestern hatte unmissverständlich vom Jarawaheim gesprochen.

Er sah nochmals in die Runde der traurigen Gesichter. Sollte er ... Dann tauchten plötzlich Bilder auf. Ein Mann auf dem Schiff: «Die Regierung hat jetzt einen erstklassigen Plan. In einem Jahr wird das Schutzgebiet der Jarawas ... geräumt sein.» Und der Barbier in Wandoos: «Bald können wir auch Nord-Andaman bebauen. Das Jarawaheim ist beinahe fertig, habe ich gehört.» Und der Lehrer im Zoo hatte seinen Schülern versprochen: «Nächstes Jahr besuchen wir das Schutzgebiet der Jarawas. Wie das gehen soll? Bis dann sind die Jarawas weggebracht worden!»

Ja, er hatte Recht, sie waren wirklich in Gefahr. Wie traurig auch immer sie dreinblickten, es war wichtig, dass sie Bescheid wussten.

Langsam standen sie auf, um ihren alltäglichen Pflichten nachzugehen, während sie davon sprachen, was sie gehört hatten. Eetha Aleho und Ulido, mit dem Eetha Aleho und Arif die Hütte teilten, riefen ihn, damit er mit ihnen eine Lehmpaste zubereite. Es war jene Paste, die sie für die Körperbemalungen brauchten. Arif war inzwischen recht geschickt im Schneiden der Palmenschablonen für die geometrischen Muster auf den Körpern.

In der Nähe ließen sich drei ältere Männer nieder, um Kokosnüsse zu bearbeiten. Arif beobachtete, wie sie mit ihren Zähnen die faserige Hülle entfernten; die Zähne dienten ihnen als Schraubstock, als Zangen und sogar als Pinzetten. Die Kraft der Jarawas hatte ihn immer beeindruckt. Er hatte gesehen, wie sie mit bloßen Händen Eisenstangen aus einem Boot herausgebrochen hatten.

Ongade ame saß am Feuer; er brannte und glühte Muster in seinen neuen Brustschild, bis sie aussahen wie Schnitzereien. Andere wiederum begaben sich mit Fischernetzen und Körben zum Meer.

Der Tag nahm seinen Lauf und Arif versuchte, das Unheil zu vergessen, das er auf ihn und seine neue Familie zukommen sah. Zumindest war er nicht mehr wütend auf sie. Er konnte verstehen, weshalb sie die Gefahr nicht sehen wollten oder konnten.

Eetha Aleho, der seine Unruhe und Sorge spürte, versuchte ihn aufzumuntern. Er brachte ihm frische junge Wurzeln, die man roh essen konnte. Er machte eine Muschelkette für ihn mit einem Nylonfaden, den er am Strand gefunden hatte. Er setzte Totha eine kleine Muschelmütze auf – und darüber musste Arif schließlich lachen.

«Jetzt siehst du beinahe normal aus, nicht wie ein aufgespießter Fisch!»

Doch das Lachen kam nicht von Herzen. In Arifs Herz war kein Platz für heitere Gefühle, denn ein großes Feuer aus Furcht und Angst loderte darin. Was kam auf die Jarawas – und auf ihn – zu? Sein Schicksal war mit ihrem verbunden. Wenn die Behörden das Schutzgebiet räumten, würde er mit ihnen zusammen vertrieben werden. Er gehörte zu Eetha Aleho, Maye, Wamoome und Kaye. Wenn sie in das Jarawaheim kamen, würde er niemals bei ihnen bleiben dürfen. Er würde erkannt und zu Chacha und Chachi gebracht werden.

«Warum bist du so bekümmert?» Es war Kaye. Arif lag auf seinem weichen Blätterlager und Kaye setzte sich neben ihn.

«O Kaye, ich mache mir solche Sorgen. Um uns, um mich.»

Er sah, dass auch ihr Herz brannte. Aber sie lächelte

und zerzauste zärtlich sein Haar. «Wir werden sehen. Es wird viel geredet. Über das Boot mit den Geschenken entscheiden die Ältesten. Huwaned ame und Ongade und die anderen.»

«Was geschieht, wenn einige einverstanden sind und andere nicht?»

«Bisher haben wir ihre Entscheidungen immer mitgetragen, sollte es diesmal jedoch anders sein – ja, dann sind wir in Schwierigkeiten.»

«Und wenn einige aufs Boot gehen und andere nicht?»

«Wenn einer von uns in Gefahr ist, dann helfen wir ihm alle.»

Großartig. Chacha und Chachi – ich bin schon unterwegs.

Er lag lange wach und dachte nach. Im Halbschlaf glaubte er ein schwaches, fremdes Geräusch zu hören – wie ein Zug in der Ferne. Aber das konnte ja nicht sein. Er ging nach draußen. Die ersten Sonnenstrahlen fielen wie Regen durch die Blätter des Talabaums. Blitzschnell kletterte er auf den Baum hinauf und spähte umher. Draußen auf dem Meer entdeckte er einen kleinen schwarzen Punkt. Er wartete nicht, bis er größer wurde. Er kletterte und rutschte den Stamm hinunter und rannte zur Hütte, wo Huwaned ame und die Ältesten schliefen.

«Mein Onkel», sagte er drängend, «das Boot.»

Er brauchte nichts weiter zu sagen. Niemand stellte Fragen. Ein leiser wortloser Gesang ließ die Menschen aus den Hütten strömen und wer tief schlief, wurde wachgerüttelt. Es gab nichts zu besprechen, die Botschaft der Ältesten war klar.

Ongade ame gab die Anweisungen. Nehmt eure Waffen, die mannsgroßen Pfeilbogen, klettert hinauf auf die Bäume und wartet, bis euch Huwaned ame Zeichen gibt. Huwaned ame, der alte Kämpfer, prüfte die Spannkraft seines Bogens. Dann pfiff er trillernd, das bedeutete «töten». Darauf folgte ein kurzer, lauter Pfiff, das bedeutete «nicht auf die weißen Männer, sondern um sie herum schießen».

Kaye wandte sich Arif zu: «Du bleibst hier bei den Kindern. Dort hinten.»

«O Kaye, bitte!»

Sie fuhr ihn an: «Jetzt ist keine Zeit zum Streiten! Hast du denn gar keinen Verstand? Willst du, dass sie dich sehen?»

Arif spürte, wie sich ihm vor Enttäuschung der Magen umdrehte.

Wamoome legte einen Arm um Kayes Schultern. «Der Junge will dabei sein. Es ist wichtig. Er wird sich verstecken.»

Kaye zuckte die Schultern und Arif rannte davon, um seinen Bogen zu holen. Totha durfte ihn nicht begleiten. «Du gehst zu den Kindern», sagte Arif stolz. «Hast du verstanden? Es gibt Kinder und es gibt Erwachsene. Wie mich.»

Dann tauchte er rasch seine Finger in das Schweinefett, mit dem alle ihre Waffen schmierten.

Kaye kam zu ihm, die Hände voll braunem Lehm, und rieb sein Gesicht und seinen Körper ein. Er wimmerte und wand sich und wurde nochmals ausgeschimpft. «Ja, lass sie deine weiße Haut durch die Bäume nur sehen. Dann halten sie dich wahrscheinlich für einen ganz speziellen Affen. Was du ja auch bist.»

Arif wusste, dass sie damit ihre harten Worte gut zu machen versuchte. Er lachte und klatschte sich mit der Hand auf seinen Po.

Kurz darauf saßen die Männer in den Bäumen und beobachteten die Küste. Die Frauen hatten sich im Gebüsch darunter versteckt. «Wenn es gefährlich wird, rennt ihr davon», hatte Huwaned ame sie angewiesen. Sie sahen unzufrieden aus, leisteten aber keinen Widerstand. «Was immer du sagst. Wir werden davonrennen.»

«Hört auf das Pfeifzeichen.» Er gab einen lang gezogenen, zittrigen Laut von sich. «Das bedeutet, dass ihr davonrennen müsst. Und noch was: Wenn sie die Sachen an Land bringen, werden wir darauf schießen. Damit sie verstehen, was wir vorhaben. Aber wartet auf mein Zeichen.»

Arif schlich durch das Unterholz bis zu einem großen Talabaum, der über einem Dach aus Pandanusblättern aufragte. Er kletterte hinauf. Niemand durfte von den weißen Männern, die ein paar Meilen entfernt geankert hatten und auf Tageslicht warteten, gesehen werden. Keine Bewegung durfte sie verraten, Überraschung war die wichtigste Kriegslist der Jarawas.

Arifs Glieder begannen gefühllos zu werden, aber er hatte nicht vor, seine Stellung zu ändern. Über ihm auf einem noch höheren Ast saß Eetha Aleho, reglos wie ein Stein. Wenn er es konnte, konnte Arif es auch, und wenn es ihn umbrachte.

Zwanzig bewaffnete Jarawas saßen in den Bäumen rund um die kleine Bucht, unsichtbar und unbeweglich.

Was ist, wenn das Boot erst in zwei Stunden anlegt?, dachte Arif. Was ist, wenn ich pinkeln muss?

Dann hatte er Pech. Denn jetzt war die Gelegenheit gekommen, ihnen zu zeigen, wozu er taugte, und das würde er tun. Er bewegte den einen Fuß ein wenig – konnte einfach nicht anders – und Blätter raschelten, ein Ast zitterte und brach ab.

Eetha Aleho zischte ihm missbilligend zu.

Etwa eine halbe Stunde lang war alles still, bis auf die Vögel im Wald hinter ihnen. Dann hörten sie das leise, metallische Geräusch des Bootsmotors. Sie kamen. Arif vergaß seine schmerzenden Glieder, er war so aufgeregt, dass ihm selbst das Atmen schwer fiel.

Sie kamen näher und näher. Das Boot war inzwischen dicht vor der Küste. Jetzt konnte er es sehen. Sie hatten ein Dingi mitgebracht und waren dabei es herunterzulassen. Stimmen ertönten und Wasser platschte. Dann folgten dumpfe Geräusche. Vom Boot aus wurden Sachen ins Dingi geworfen. Das Boot drehte sich ein wenig. Es sah aus, als ob sie riesige Mengen in das Dingi luden. Gewaltige Ballen von rotem Stoff, Plastikeimer, Kochtöpfe und – was war das? Ein Schwein, ja tatsächlich, ein ganzes, an den Füßen zusammengebundenes Schwein. Und noch eines. Und noch mehr Sachen – glänzende, leuchtende Dinge. Zum Schluss sprangen zwei Paar Beine in das Dingi hinein und es wurde gegen die Küste gesteuert.

Als es landete, konnte Arif alles deutlich sehen. Die beiden Männer luden sorgfältig aus, häuften die Sachen mitten auf dem Strand auf, setzten sich ins Dingi und fuhren zurück zum Boot.

Kein Zeichen von Huwaned ame. Hatte er es sich anders überlegt? Das Dingi wurde wieder beladen, und noch ein weiteres Mal, bis sich schließlich ein Berg von Geschenken am Strand türmte. Sie hatten beinahe zehnmal mehr mitgebracht als sonst.

Die Brise wehte Gesprächsfetzen vom Boot herüber. Hindi! Aber sie waren nicht deutlich genug, dass Arif verstehen konnte, wovon gesprochen wurde.

Das kleine Dingi tuckerte erneut an die Küste; vier Männer saßen darin, einer davon klein und bärtig. Sie trugen alle Anzüge und Krawatten und sahen aus, als kämen sie von einem anderen Stern. Arif blickte an seinem nackten, lehmverschmierten Körper hinunter.

Dann stiegen sie aus und stapften auf dem Sand herum. Der kleine bärtige Mann zog vernünftigerweise Schuhe und Socken aus und krempelte die Hosenbeine hoch. Die anderen sahen betreten drein – unsicher, ob sie seinem Beispiel folgen sollten. (Sie fürchten sicher um ihre Beförderung, dachte Arif und lächelte.)

Inzwischen war das Dingi zum Boot zurückgekehrt und hatte noch mehr Leute an Land gebracht. Zu guter Letzt standen 25 Männer und zwei Frauen da, eine von ihnen trug eine große Videokamera. In den Augen der Jarawas sahen alle gleich aus, aber Arif konnte erkennen, dass einige mehr zu sagen hatten als andere, und – Moment mal! An wen erinnerte ihn der kleine bärtige Mann? Den kannte er doch.

Langsam, ganz langsam dämmerte es ihm. Der Innenminister. Der Bart, das weiße Haar, der Safarianzug. Ja genau, es war der Innenminister! Er spürte, wie Aufregung in ihm aufstieg und sich in seiner Brust breit machte. Er bekam keine Luft mehr. Wer hätte das gedacht!

Oje. Jetzt kamen sie auf seinen Baum zu. Sie standen unmittelbar unter ihm und redeten.

«Sollen wir sie suchen gehen, Sir? Es besteht keine Gefahr, sie werden sich über all diese Geschenke freuen.»

«Wie viele wollt ihr heute mitnehmen?», fragte der Minister.

«Nur etwa zehn, ungefähr die Hälfte, die anderen morgen.»

«Wie gebt ihr ihnen zu verstehen, dass sie nicht zurückkehren werden?» Kluger Bursche, der Minister.

«Oh, das wissen sie, Sir, keine Sorge. Wir haben ihnen alles mit Zeichensprache erklärt. Sie sind ganz versessen darauf wegzukommen.»

Arif traute seinen Ohren nicht. Diese Lügner! Er wünschte, er könnte ihnen etwas an den Kopf werfen. Besonders dem großen dicken mit dem Schnauzbart da drüben.

Der Minister sprach und die anderen hörten ihm ehrerbietig zu.

«Also, dann holt sie, aber ich möchte mich vergewissern, dass sie aus freien Stücken mitkommen. Ich will nicht, dass Bürger dieses Landes entführt und unter Vorspiegelung falscher Tatsachen weggebracht werden.»

Der Innenminister ist in Ordnung, dachte Arif.

Die Gruppe zerstreute sich und ein paar Männer machten sich auf ins Innere der Insel zur Siedlung. Er hörte, wie sie sich wunderten, wo alle steckten. «Jarawas! Jarawas!», rief einer von ihnen dümmlich. «Wahrscheinlich sind sie jagen gegangen», sagten sie zum Minister, als sie zurückkamen. «Wir gehen jetzt, Sir, sie haben ja alles gesehen; morgen werden wir herkommen ...»

«Nein. Wir warten.» Der Minister zupfte entschieden an seinem Bart.

Kein Signal von Huwaned ame.

Bei diesem Tempo verwandle ich mich noch in eine ägyptische Mumie. Ohnehin werde ich nie mehr meine Arme und Beine bewegen können, dachte Arif.

Plötzlich, ohne das geringste Geräusch, tauchte das kleine Maye am Waldrand auf, nuckelte an seinen Fingern und lächelte.

Unter den Besuchern machte sich sofort Aufregung breit. «Komm, Kindchen, komm her, schau dir das an … » Einer rannte auf das Maye zu.

Huwaned ames Pfiff klang laut und bestimmt und Arif war der Erste, der schoss. Sein Pfeil traf im Sand bei den Geschenken auf und das Maye verschwand weinend im Wald. Dann hagelte es Pfeile.

Die Verwirrung und Angst unter den Besuchern war beinahe komisch. Außer sich stürzten sie auf das Dingi zu. «Sie wollen uns töten! Hilfe! Erbarmen!» Das Dingi ging unter, als sich sechs große Männer, einer über dem andern, hineinwarfen. Einige versuchten daraufhin in den Wald zu fliehen, doch als Pfeile vor ihnen im Boden auftrafen, kehrten sie um. Schließlich standen sie mit erhobenen Händen dicht aneinander gedrängt am Strand.

Huwaned ame gab das Zeichen, das Schießen einzustellen. Der Minister war der Einzige, der weder geschrien hatte noch davongerannt war. Er hatte sich ruhig auf den Strand begeben und zugeschaut. Jetzt sprach er laut.

«Sie scheinen nicht sehr glücklich zu sein über uns, nicht wahr?», sagte er zu den verängstigten Leuten.

Niemand antwortete.

«Gupta, was haben Sie zu sagen? Ihr Vorgesetzter ist verschwunden» – er sah zum Dingi hinüber –, «Sie haben also die Ehre, uns den Vorfall zu erklären.»

«Vielleicht haben sie die Geschenke nicht gesehen, Sir», sagte Gupta.

«Die Geschenke nicht gesehen?», tobte der Minister. «Wollen Sie mir erzählen, dass Sie sie mit den Geschenken weglocken? Ich dachte, sie seien ganz versessen darauf, das Schutzgebiet zu verlassen!»

«Ja, Sir, ich meine ... Ich weiß es nicht, Sir.»

«Gehen wir. Dümmer hätten wir uns nicht anstellen können. Wir haben uns vollkommen lächerlich gemacht.»

Sie begannen auf den Strand zuzugehen und winkten nach dem Dingi, das inzwischen zum Boot zurückgekehrt war. «Damit das klar ist», dröhnte die Stimme des Ministers, «Geschenk-Expeditionen werden von jetzt an nicht mehr stattfinden. Keine Einmischung, keine Übergriffe. Ich werde alles dafür tun, dass die Gesetze eingehalten werden und jede Übertretung ohne Ansehen der Person geahndet wird.»

Niemand sagte ein Wort. Die Köpfe waren gebeugt und heimliche Blicke wurden ausgetauscht. Das Dingi kam und brachte einen Teil der Gruppe zurück zum Boot.

Der Minister bestand darauf, als Letzter zurückzufahren. Zum Schluss stand er allein auf dem Strand und Arif bemerkte atemlos und gespannt ein leichtes Rascheln in den Bäumen auf der anderen Seite der Bucht. Ein Körper stürzte von einem hohen Ast und prallte lautlos auf dem Boden auf. Was war los? Es war

Huwaned ame. War er heruntergefallen? Hatte er sich wehgetan? Ein Seufzer, eine Frage hing in der Luft – und Huwaned ame hielt einen Finger an die Lippen.

Langsam ging er auf den Minister zu, der ganz still dastand und wartete. Huwaned ame hielt ihm Pfeil und Bogen hin und bedeutete ihm, beides zu nehmen. Lächelnd nahm der Minister die Waffe entgegen. Dann wandten sich beide dem Meer zu. Das Dingi näherte sich langsam dem Strand. Gemeinsam beobachteten sie den Serang, der sich offensichtlich vor dem Jarawa fürchtete. Als er angelegt hatte, berührte Huwaned ame den Minister leicht an der Schulter und mimte, dass er die Geschenke mitnehmen solle. «Nimm sie. Nimm sie mit. Wir wollen sie nicht», bedeutete er ihm.

Darauf belud der Serang das Dingi. Er musste mehrmals hin- und herfahren, bis alle Geschenke wieder an Bord des Boots waren. Schließlich bestieg der Minister das Dingi, hob zum Abschied eine Hand und fuhr hinaus zum Boot.

Huwaned ame drehte sich um.

«Können wir runterkommen?», fragte jemand.

«Ja, es ist vorbei», antwortete eine Stimme, «lasst uns hinunterklettern.»

Aber Huwaned ame befahl ihnen zu schweigen und kletterte in seinen Baum hinauf. «Wir werden warten», sagte er. «Arif hat uns erzählt, dass man diesen Leuten nicht trauen kann, vielleicht halten sie eine böse Überraschung für uns bereit.»

Hätte ich bloß nichts gesagt, dachte Arif, während sein ganzer Körper schmerzte und er das Blut an den empfindlichen Stellen pochen spürte. Ich halte es nicht mehr aus, ich muss runter, auch wenn wir einer Finte aufsitzen.

Draußen auf dem Meer erwachte der Motor zum Leben und das Boot begann sich nach einer engen Kurve in Richtung Port Blair zu entfernen.

Die Zeit verging. Schließlich gab Huwaned ame das Zeichen. «Kommt herunter», sagte er.

Vier kleine Kinder rannten aus dem Wald und die Männer in den Bäumen kletterten herab. Das Maye sprang auf und ab – und alle begannen zu singen und zu tanzen. Über eine Stunde tanzten sie, die Steifheit verschwand aus Arifs Körper und bald fühlte er sich wieder wohl.

Wamoome scherte aus dem Kreis der Tanzenden aus und kam auf Arif zu. Jedermann blieb stehen, um zuzuhören.

«Du bist ein kluger Junge. Du hast das Richtige gesagt, damit wir das Richtige tun konnten.»

Bevor er fortfahren konnte, hatte sich ein Kreis um Arif gebildet, eine klatschende, tanzende, singende Familie. Arif schnürte es den Hals zu und sein Magen zog sich schmerzhaft zusammen. Tränen stiegen ihm in die Augen und begannen zu fließen. «Ich habe gar nichts getan», sagte er matt.

Tinone ame rettete die Lage. Er konnte gefühlsschwere Szenen nicht ausstehen. Er klopfte Arif auf den Rücken und sagte: «Klar hast du nichts getan. Aber hör zu. Wir lassen heute Abend ein Wah-Wah-Fest steigen. Nicht für dich natürlich, warum sollten wir? Du hast uns schließlich nicht vor dem Tod bewahrt. Wir feiern den Mann mit dem Bart. Wer ist das überhaupt?»

«Das ist der Innenminister.»

Dreizehn Stimmen fragten: «Was ist das?»

Nein, nicht schon wieder! Also gut. «Eine Art Huwaned ame, aber für ganz Indien.»

«Indien? Ist das ein Volk wie wir?»

«Ja.» Ungefähr, ein wenig größer selbstverständlich.

«Übrigens, Arif, was war das für ein komisches Blatt, das sie hier vorn getragen haben?» Eetha Aleho zeichnete mit der Hand eine Krawatte auf seine Brust.

«Eine Krawatte.»

«Wozu braucht man das?»

«Einfach so, als Schmuck.» Sie lachten schallend, bis Arif mit ernster Stimme sagte: «Mein Vater trug auch eine Krawatte.»

Wamoome streichelte mitleidig Arifs Gesicht.

Tinone ame spürte, dass es Zeit für eine weitere kleine Unterbrechung war.

«Kommt, Kinder», sagte er, «macht die Steine heiß für die Grube! Und wer kommt mit auf die Schweinejagd?»

Arif hob beide Hände und rannte hinunter zur Hütte am Strand, um seinen Jagdspeer zu holen.

Glossar

Aussprache der Wörter: *j* spricht man wie *dsch* aus, *ch* wie *tsch*

Autorikscha: Motorroller mit drei Rädern und überdachtem Doppelsitz für Fahrgäste

Baltis: Jarawa-Wort für Eimer

Beta: Hindi-Wort für Sohn

Bindi: roter Punkt auf der Stirn der Frauen. Ursprünglich ein Kennzeichen verheirateter Frauen. Jetzt meist nur noch ein kosmetischer Schönheitsfleck, der auch als Aufkleber in verschiedenen Farben und Formen angeboten wird.

Chappati: rundes, ohne Fett gebratenes Fladenbrot aus Vollweizenmehl und Wasser

Chikki-Riegel: süßer Getreideriegel mit Erdnüsschen

Daal: Hülsenfrüchte und Gericht aus Hülsenfrüchten

Dara Singh: bekannter indischer Ringkämpfer

Deksis: Jarawa-Wort für Geschirr

Diwali: Lichterfest; eines der schönsten und wichtigsten Feste in Indien (September / Oktober)

Idli: kleiner runder Fladen aus Reismehl

Jaan: heißt wörtlich ‹Leben›, bedeutet hier aber ‹Liebling›

Jain: Angehöriger einer in vorchristlicher Zeit gegründeten Religionsgemeinschaft, die das Nichtverletzen von Lebewesen strikt beachtet; ihre Anhänger sind daher Vegetarier und üben keine Berufe aus, in denen Tiere getötet werden.

Kajal: aus Ruß hergestellte schwarze Salbe, mit der Frauen (manchmal auch Männer) sich die Lidränder nachziehen. Gilt als schön, glückbringend und wohltuend für die Augen.

Kala pani: bedeutet «schwarzes Gewässer» und bezieht sich auf den Golf von Bengalen, den viele politische Gefangene überqueren mussten, als sie auf die Andamanen deportiert und dort im Zentralgefängnis eingesperrt wurden.

Keema roti: mit Hackfleisch gefüllte Teigtaschen aus Weizenmehl

Kirloskar-Motor: Kirloskar ist ein in Indien sehr bekannter Konzern, der auch Motoren herstellt.

Lungi: schmales, etwa ein Meter fünfzig langes Tuch, das um die Hüfte gewickelt wird (hauptsächlich von Männern getragen)

Maachi: von «matches», Zündhölzer

Marathi: Die Sprache, die in Maharashtra, einem Bundesstaat in Westindien, gesprochen wird.

Masala: in jedem Haushalt selbst gefertigte Gewürzmischung

Masala chai: gewürzter Tee

Matka: beliebtes indisches Glücksspiel

Nappi: Jarawa-Wort für eingelegte Früchte oder Gemüse

Paise: Münzen (siehe *Rupie*)

Papad: oder Papadum: große, runde, dünne, in Öl frittierte Fladen aus Linsenmehl

Pilaw: Reisgericht mit Hammel- oder Hühnerfleisch

Puri: frittierte Puffbrote aus Vollweizenmehl

Pyjama: ursprünglich aus dem Punjab stammende Kleidung, bestehend aus langer, loser Hose und kragenlosem Hemd mit Seitenschlitzen, das weit über die Oberschenkel reicht

Rupie: indische Währung: 100 Paisas (Münzen) entsprechen 1 Rupie (Papiergeld)

Sir-Walla: steht hier für jemand, der immer «Sir» sagt

Tee- und Kaffee-Wallas: fliegende Tee- und Kaffeeverkäufer, vor allem an Bahnhöfen und Busstationen

VT: Victoria Terminus. Eisenbahnendstation in Bombay

Nachwort

Das Holz der Bäume bringt Geld

Dem jungen Arif gelingt, was englische Kolonialbeamte, indische Regierungsvertreter, Siedler, Händler und Forscher über Jahrzehnte vergeblich versucht haben: das Vertrauen der Jarawas zu gewinnen. Arif ist auf der Flucht, sucht Schutz und findet über den gleichaltrigen Jarawajungen Eetha Aleho freundliche Aufnahme beim kleinen Jarawavolk.

Die Jarawas, eines von vier sehr alten Völkern auf den Andamanen-Inseln, einer Inselgruppe weit draußen im Indischen Ozean zwischen der Südspitze Indiens und Burmas. Die Jarawas sind kleinwüchsig, dunkelhäutig und kraushaarig und werden deshalb auch als Negritos bezeichnet. Sie lebten seit Urzeiten mit Pfeil und Bogen und Speer als Sammler, Jäger und Fischer auf den Süd-Andamanen. Die üppige Vegetation, der Tier- und Fischreichtum gewährten ihnen gute Gesundheit und ihr soziales Leben verlief weitgehend in friedlichen Bahnen. Die Jarawas suchten keine Kontakte außerhalb ihrer Inseln.

Doch die Fremden kamen auch zu ihnen. Die englischen Kolonialherren benutzten die Andamanen als Gefängnisinseln. Es kam zu verschiedenen militärischen Strafaktionen gegen die einheimische Bevölkerung. Die Jarawas hatten noch im 19. Jahrhundert blutige Zusammenstöße mit britischen Soldaten, zogen sich dann aber in ihre Wälder zurück und vermieden weitere Kontakte mit den Eindringlingen.

Doch wurden sie seither nie mehr in Ruhe gelassen: Es kamen indische Landbesitzer und Bauern, die den fruchtbaren Boden für landwirtschaftliche Zwecke beanspruchten; es kam die Holzindustrie, die an den Wäldern mit ihren kostbaren Harthölzern interessiert war; es kamen die Straßenbauer, die die Wohngebiete der Jarawas neu aufteilten; es kamen Regierungsbeamte mit neuen Vorschriften und Verboten; und es kamen Forscher, Wissenschaftler und Reporter, die über die «letzten Steinzeitmenschen» mehr wissen wollten.

Die Lebensweise der Jarawas ist im Laufe der jüngsten Geschichte schwer beeinträchtigt worden: «Unsere Gedanken haben gebrochene Flügel», sagt deshalb Natalang Waye in Arifs Geschichte.

Und heute kommen darüber hinaus noch indische und europäische Touristen wegen der schönen Strände und weil sie sich exotische Foto- und Videosujets erhoffen.

Wie immer sich die Jarawas auch zurückzogen und Kontakte vermeiden wollten, sie litten unter den neuen Einflüssen. Es wurden Krankheiten eingeschleppt, gegen die sie keine Widerstandskraft hatten, Alkohol und Opium drangen in ihr Leben und auch die vielen Konsumverlockungen des modernen Lebens machten ihnen zu schaffen. Wurde die eingeborene Bevölkerung auf den Andamanen Mitte des 19. Jahrhunderts noch auf mehrere tausend Menschen geschätzt, so sind es heute nur noch einige hundert. 1991 dürften es auf den Groß-Andamanen noch rund 30 Menschen, vom Volk der Onge noch rund 100, von den Sentinelesen noch 150 und von den Jarawa noch etwa 200 Menschen gewesen sein. Umgekehrt leben heute über 100 000 zugewanderte Inder auf den Andamanen-Inseln. So kommt es, dass die Jarawas ein bedrohtes Volk sind, dessen jahrtausendealte Kultur zerstört wird und das ihre Eigenständigkeit weitgehend verloren hat.

Die indische Regierung kennt die Probleme dieser Völker, und es fehlt auch nicht an verständnisvoll-wohlmeinenden Erklärungen. Wenn es aber darum geht, das angestammte Land für die Jarawas zu reservieren und sie vor illegaler Landnahme, Wilderei und Holzschlag zu schützen, dann ist die indische Bürokratie meist schwach und käuflich.

Menschenrechtsorganisationen wie die *Gesellschaft für bedrohte Völker* haben kürzlich die indische Regierung in einer Petition aufgefordert, die Rechte der Jarawa endlich anzuerkennen. In der Petition heißt es: «Die Jarawas müssen ihre Zukunft selbst bestimmen können ... Sie haben ein Recht auf ihr Land. Ihr Reservat muss die alten Grenzen zurückerhalten. Die Straße muss gesperrt und alle Siedler und Holzfäller müssen aus dem Gebiet der Jarawas entfernt werden!»

Göpf Berweger, Gesellschaft für bedrohte Völker, Bern
September 1999

Zai Whitaker, 1954 in Indien geboren, wuchs in einer naturverbundenen Familie auf. Ihr Vater war Naturforscher und lehrte sie die Freude an Tieren und Pflanzen. Als junge Frau arbeitete Zai Whitaker mehrere Jahre in einer Krokodilsbank, wo sie täglich das Verhalten der Tiere beobachtete. Später folgte sie ihrem Mann nach Papua-Neuguinea und schrieb für verschiedene Zeitungen und Zeitschriften Naturreportagen. Heute lebt und unterrichtet sie in Kodaikanal im indischen Bundesstaat Tamil Nadu. Zai Whitaker ist Mutter von zwei Söhnen, mit denen sie in ihrer Freizeit wandert, Badminton spielt und reitet.

BAOBAB BEREITS ERSCHIENEN

AZOUZ BEGAG
AZOUZ, DER JUNGE VOM STADTRAND
Aus dem Französischen von Regina Keil
211 Seiten, ab 12 Jahren

Azouz lebt in einer Siedlung aus Bretterbuden und Wellblechhütten am Rand von Lyon. Seine französischen Mitschüler wohnen in richtigen Häusern mit fließendem Wasser, Elektrizität und Fernsehen und sie sind immer die Klassenbesten. Eines Tages beschließt Azouz zu beweisen, dass er sein kann wie sie. Besser als sie ...

In seinem spannenden, autobiografisch gefärbten Jugendroman erzählt der Autor eindrücklich vom Kampf für Bildung und Toleranz.

BAOBAB BEREITS ERSCHIENEN

TAHA KHALIL
DAS HEFT MEINES FREUNDES
Aus dem Arabischen von Burgi Roos
128 Seiten, ab 12 Jahren

Für seinen im Exil geborenen Sohn, der die kurdische Heimat nicht kennt, beschreibt Taha Khalil berührend und spannend das Leben eines Jungen zwischen Schule, Familie und der eindrücklichen Natur Kurdistans. Er erzählt von der Freundschaft zwischen einem kurdischen und einem arabischen Jungen.

BAOBAB EIN FENSTER ZUR WELT

BAOBAB Kinder- und Jugendbücher aus Afrika, Asien und Lateinamerika. Herausgegeben vom Kinderbuchfonds Baobab der Erklärung von Bern und terre des hommes schweiz.

BAOBAB heißt der Affenbrotbaum, in dessen Schatten sich die Menschen Geschichten erzählen. BAOBAB heißt die Buchreihe, in der Erzählungen und Märchen, Kindergeschichten und Jugendromane aus Afrika, Asien und Lateinamerika in deutscher Übersetzung erscheinen. Ein BAOBAB-Buch öffnen heißt ein Fenster öffnen in eine Welt, die von uns weit entfernt liegt und uns nicht oder kaum vertraut ist. Ein Buch ist nicht die Welt. Es erzählt uns Menschengeschichten.